サインアウト（ログアウト）

サインイン状態となっている端末の利用を終了することをサインアウト（ログアウトまたはログオフ）という。

サインアウト（ログアウト）しても，端末の電源は切れない。

ふたたび利用するときには，あらためて ID とパスワードを入力する必要がある。

デスクトップ画面の右下のスタートボタンをタップまたはクリックすると，スタートメニューが表示される。

※キーボードの Windows キーを押しても表示される。

学校や職場などで，端末の前を離れるときには，たとえ短時間でもサインアウト（ログアウト）しようね！

※サインインしたままだと，勝手に使われて重要な情報が漏れたり，なりすましをされたりする危険がある。

アカウント名をタップまたはクリックする。

アカウント設定の変更
ロック
サインアウト
ユーザーの切り替え

サインアウトをタップまたはクリックする。

JN109074

シャットダウン

端末の処理を終了することをシャ……ソナルコンピュータでは，シャットダウンをおこなうと，自動的に電源がオフになるのが一般的である。

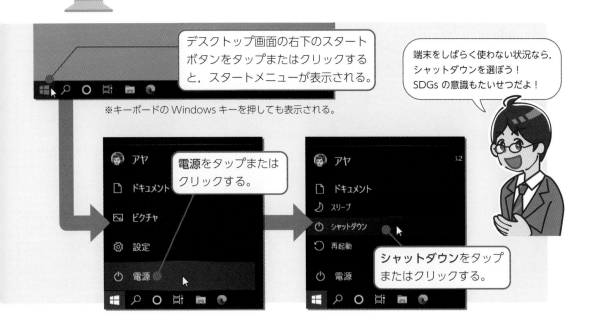

デスクトップ画面の右下のスタートボタンをタップまたはクリックすると，スタートメニューが表示される。

※キーボードの Windows キーを押しても表示される。

端末をしばらく使わない状況なら，シャットダウンを選ぼう！SDGs の意識もたいせつだよ！

電源をタップまたはクリックする。

シャットダウンをタップまたはクリックする。

本書の構成と使い方

なぜ情報モラルを学んでおく必要があるの？

　私たちは日常生活において，どのようにふるまえばほかの人を不快にさせず，スムーズに社会生活を送っていけるかを知っています。それには，家族から学んだり，学校で道徳の時間に学んだりして知ったこともあるでしょうが，実際に友人やそのほかの人と，嬉しかったり悔しかったり，いろいろな思いをしながら学んだことが，いちばん身についているはずです。

　では，インターネット上でのふるまい，つまり「情報モラル」についてはどうでしょう。これも，自分の経験から学んでいければ，いちばん身にはつくでしょう。しかし，ネットの上のことは，すごくたくさんの人に短時間で影響を与えますし，日に日に新しいものが出てるので，たくさんのことを学ぶ必要があります。しかも，ネット上の人づきあいは，今や実世界と同じくらい自分に影響を与え，いわば「実社会の一部」となりつつあります。

　そこでこの本では，さまざまな事例（ケース）を通して，「こんなことも考えておく必要があるよ」「こういうことに遭遇しても，きちんとこう対応すれば大丈夫だよ」などのことを学んでいきます。みなさんがこの本を通してきちんと「予習」してから，ネットのさまざまな情報を活用し，多くのあらたな人と出会い，実り豊かな学校生活を送ってくださることを願っています。

> クラスの仲間を紹介しておこう。

森田先生（Morita）
第一高等学校1年C組のクラス担任で，教科「情報」を指導。

オサム（Osamu）
しっかり者で先生からの信頼も厚い。さまざまな趣味をもっており，その1つは漫画を描くこと。

リョウスケ（Ryousuke）
好奇心旺盛で，コンピュータにもたいへん興味をもっている。そそっかしいところがあるが，不思議と憎めないやつである。バスケットボール部に所属。

アヤ（Aya）
面倒見がよく1年C組のアイドル的存在。オサムも彼女にあこがれる1人である。

レナ（Lena）
はやりものに敏感で，はっきりとした性格。

> 23の事例を通じて，ネットワークをよりよく使うための方法を学びます。

> ここに注意では，その事例において注意するべき点を説明しています。

> 事例と関連の深い法律を，法律ではで説明しています。具体的な条文は，ネットで確認してみましょう。

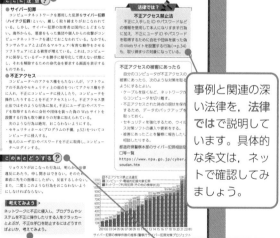

> はじめに，問題発生までの経緯を，コミック形式で示しています。

> このあとどうするでは，問題発生後の対応について説明しています。

> 各事例には解説をつけて，問題点がわかりやすくなるようにしました。

> 考えてみようは，調べたり話し合ったりして取りくんでみましょう。

もくじ

章ごとに，学習した内容を確認できる問題を用意しました。具体的な場面で，どうするべきかを考える問題もありますので，自分のこととして，しっかり考えましょう。

第2編　事例問題

見返し

サインイン／サインアウト／シャットダウン
さくいん
コンピュータ・ネットワーク関連年表

LINE

グループトーク，初期設定のチェック，「既読」

レナは念願の第一高校に合格することができて大喜び。たくさんの友だちをつくりたくてみんなと LINE の連絡先を交換し，いろいろな LINE グループにも参加するのですが…。

 解説

❶連絡先を交換　友だちと，直接，連絡先を交換するには，おもにつぎの 3 つの方法がある。
A　"QR コード " で連絡先を交換する
B　"ID" 検索で LINE ID を検索する
C　" 電話番号 " 検索で電話番号を検索する

❷ LINE グループ　グループ参加者からの招待に対して「参加の承認」を選択することで加入でき，継続的にメンバーどうしで会話ができるトークルーム。一般的に LINE グループとは，このトークルームのことを意味する。ほかに，複数人トークとよばれるトークルームもあり，3 人以上ですぐに会話をはじめたいときに利用する。

❸スタンプ　LINE のトークには，絵文字やスタンプとよばれるイラストをチャット相手に送信する機能がある。喜怒哀楽などを素早く表現できる利便性が支持され，広く利用されている。一方で表現が固定化されるため，誤解も生まれやすい。

❹話題についていけない　参加者の多い LINE グループでそれぞれのメンバーが活発に書き込んだ場合，膨大なトークが蓄積されるためそのグループの話題の流れについていくことが負担に感じることがある。レナの場合，手当たり次第に多くの LINE グループに参加してしまったために，このような状況が発生してしまった。

ワンポイントアドバイス　2020 年 5 月中旬に，それまで LINE の連絡先交換方法のひとつだった「ふるふる」が廃止された。「ふるふる」は，お互いのスマートフォンを振って連絡先を送りあう楽しさが支持されていた。終了の理由は「ふるふる機能で使用していたシステムが停止」と説明されているが，同年 5 月 19 日に特許侵害での敗訴が影響した可能性がある。

●LINE グループを賢く利用しよう

① LINE グループのメリットとデメリット

　LINE グループのメリットとして，参加者全員に一度に連絡ができ，ひとりひとりに個別に連絡する手間が省ける点がある。とくに，連絡事項だけでなく，画像や動画などを一度に送れるのは，非常に便利だ。また，参加者どうしでカレンダーを共有したり，アルバムをみんなでつくったりと，簡単に情報を共有できる点で非常に優れている。

　一方，デメリットとしては，お互いに知らない参加者にも連絡先を知られてしまう，一度参加すると退会しづらい，通知や未読が多くなりわずらわしいといった点がある。

　不特定多数の人が集まる LINE グループの中には，かつての出会い系サイトのような使われ方が見られることもあるので，十分な注意と警戒が必要だ。

②利用時間を守り睡眠時間を確保しよう

　LINE にかぎらず，SNS を利用するとき全般の注意点として，夢中になってやめどきがわからなくなる問題が指摘されている。それによって睡眠不足におちいるなど，日常生活に支障が出るケースもある。
（→p.10）

③ LINE の(初期)設定をチェックしよう

　LINE は，はじめてインストールした人が，友だちと簡単につながることを優先した初期設定になっている。使い方に慣れるまでは，以下の3つは，初期設定を変更するのがよい。

①設定→友だち→「友だち自動追加」をオフ
②設定→友だち→「友だちへの追加を許可」をオフ
③設定→プロフィール→「ID による友だち追加を許可」をオフ

　知らない人から勝手にメッセージが送られてきて困ったときは，「メッセージをブロック」する機能も活用しよう。

　LINE は，メールとは違ってより親密な「知り合いどうしのコミュニケーションツール」として利用されることが多い。そのため，参加した LINE グループからは，簡単に抜けにくいと感じる人も多い。しかし，1対1のトークと違って，自分から積極的に返信しなくても発言者に「既読スルー」と受け取られることは少ないので，適度に参加者のトークを流し見しながら，やり過ごそう。また，これ以降は新しい LINE グループへの加入は，慎重に判断しよう。

既読表示機能
（きどく）

　LINE は，「基本的に知り合いどうしのクローズな(閉じた)環境で，スタンプなどを利用したトークを楽しむというゆるいコミュニケーション」が，多くの人に支持されている。

　しかし，LINE を利用している人たちを気疲れさせているのが，「既読」の表示問題だ。

　LINE トークでは，相手がメッセージを読むと「既読」と表示される。本来は，相手がメッセージを読んだことを確認できる便利機能なのだが，「既読」なのにメッセージが返ってこない(返さない)ことが，お互いのコミュニケーションの心理的な負担になり，会話のやめどきを見失わせる原因にもなっている。利用にあたっては，会話を終了させるタイミングも考えるようにしよう。

それに設定次第でXみたいになるのよ

そう

LINEってむずかしいね

LINE をはじめとする SNS の使い方に関するマイルールを考え，実践してみよう。

次の①～④の説明のうち，正しいものに○をつけなさい。（正解は p.10）

（　　）① LINE トークの魅力はリアルタイム性なので，返信はすみやかにするべきだ。
（　　）②初心者は，LINE トークの初期設定を変更するべきではない。
（　　）③ LINE トークでは，発言はできるだけ短い方がよい。
（　　）④ LINE トークのスタンプは便利だが，細かいニュアンスは伝わらない。

 ヒント　LINE トークにかぎらず，コミュニケーションにおいては相手の都合に配慮し，お互いの考えが正しく相手に伝わるように心がけなければならない。

X（旧 Twitter）

リプライ，リポスト，「つぶやき」はすべて公開

リョウスケは小学校から続けているバスケットボール部に入部し，はじめての練習試合で大活躍しました。リョウスケは，試合直後に興奮状態で，そのことを X に投稿しました。

解説

❶ **X** SNS の一種で，全角 140 文字以内の文字を投稿する（英語などは半角280文字）。投稿された文章を，**ポスト**という。文字だけでなく，写真や画像，動画も投稿できる。誰でも自分の意見を全世界に向けて自由に発信できるという利点が，支持されている。

❷ **リプライ** 返信ともいい，受け取ったポストに対して，返事を送ることをいう。このとき，元の投稿者のアカウント名の前に@（アット）がつく。LINE トークとは違って，このやりとりは公開されている。ほかの人に読まれたくないときは，**ダイレクトメッセージ**という機能を利用すると，非公開で会話ができる。

❸ **リポスト** ほかの人のポストを，そのまま自分のフォロワーと共有できる機能。メッセージのやりとりなどは必要なく，ボタン 1 つで情報の共有ができるが，これによって，情報が爆発的に拡散することがある。アカウントを非公開にしているユーザのポストは，リポストできない。

❹ **フォロワーでもないのに** その人のポストを読むように登録している人のもとには，自動的にポストが届くようになる。この登録のことを**フォロー**，登録した人を**フォロワー**とよぶ。政治家やスポーツ選手，芸能人などには，数万人のフォロワーがいて，発言の影響が注目される人もある。

ワンポイントアドバイス X にかぎらず，SNS では悪気なく書きこんだことばが，誤解を生み思わぬ波紋をよぶことがある。SNS で情報発信をする前に，その書き込みを読む人の立場になって読み返すようにしよう。

●「つぶやき」はすべて公開されている

①リョウスケの問題点

練習試合直後の興奮状態で自慢げにポストしてしまったリョウスケの行動が，すべての発端である。Xでの発言は，仲間内での「つぶやき」ではなく，世の中すべての人に対して発信される情報なのである。このことを忘れて不用意な発言をし，問題を起こしてしまう人が多く見られる。

また，スマートフォンで撮影した写真は非常に高精細なため，たまたまいっしょに写り込んでしまった情報や，消去し忘れたGPSの位置情報（→p.33）などから，どこでその行為をおこなったかが特定されることもある。（→p.7）

②オサムの問題点

一方，リョウスケのポストを読んだオサムが，その調子に乗った投稿を友人として注意したのは理解のできる行為だ。しかし，オサムのリプライもまた，全体に公開されているという自覚には欠けていた。このため，リョウスケの行為に問題があることを明らかにしてしまった。クラスメイトだから，翌日に学校で会ったときにでも注意をすれば，じゅうぶんだった。

③そのほかの問題点

もっとも問題なのは，故意に拡散させるためにリポストの機能を悪用した第三者だ。おもしろ半分で他人の問題行動を多くの人に教え，火に油を注ぐ行為は，決して許されるものではない。また，そのほかの人たちも，自分が受け取った情報が拡散するべきものであるか，そうでないかをきちんと判断する必要がある。その判断力が，XなどのSNSを利用するにあたって求められているリテラシーである。

このあとどうする？

調子に乗った投稿をあわてて消去するのは，誤解を訂正できなくなるため逆効果だ。リョウスケはX上で，安易な投稿の経緯も含めて素直に謝罪すべきだろう。また，オサムもリプライやリポストなどを利用して自分のフォロワーにこの情報を届けて，リョウスケを「フォロー」してやるとよい。

ひとこと

炎上

Xでの不用意な投稿などが原因となって，抗議や反論のリプライが殺到することを炎上とよぶ（→ p.49）。

@ポスト（メンション）

コメントの後に，@マークに続いて受信者のアカウント名を記載したポスト。（例：「調子に乗っちゃだめだぞ！@OrewaRyosuke」）

単なるポストとは異なり，誰に対してのポストかを明示でき，受信した相手がそれにリプライして会話できる。ただし，非公開ではない点に注意が必要である。

考えてみよう

LINEとXの使いわけについて考えてみよう。

問題

次の①〜③のうち，Xの利用における態度として，もっとも問題のないものを1つ選びなさい。（正解は p.10）

（　）①自分の目の前で交通事故が起こった。大事故なので，まずXに投稿した。

（　）②著名な評論家の公開討論会を聴きに行った。有意義な内容なので，それぞれの発言をまとめながら，どんどんXに投稿した。

（　）③アルバイトをしているレストランに有名な芸能人がやってきた。うれしかったので，友人たちに自慢するために，隠れて写真を撮ってXに投稿した。

 ヒント　「つだる」という言葉を，検索サイトで調べてみよう。

Instagram

事例 3

「いいね」，スクショで拡散，ジオタグ

レナは，週末にアヤたちと数名でスイーツバイキングの有名店を訪れ，Instagram に写真を投稿しました。さらにテンションの上がったレナは Stories に動画を投稿し…

 ## 解説

❶ Instagram Meta(旧 Facebook) 社が運営する写真・動画共有のための SNS。ユーザは写真や動画にコメントをつけて自由に投稿でき，事前に承認したフォロワーと簡単に視覚情報の共有ができる利点がある。フォロワーは，投稿に「いいね！」をつけたり，自分のフィードに追加することができる。また，匿名での登録も可能となっている。

❷インスタ映え Instagram で映える(＝引き立つ)の意味。投稿に，たくさん「いいね！」をつけてもらえるような，見映えのする写真を撮影することから生まれた語。

❸ Stories 「ストーリー」ともよばれているが，正式名称は Instagram Stories。写真・動画の投稿やライブ配信ができるサービスで，投稿または配信終了後，24 時間で消えるのが最大の特徴である。通常のタイムラインとは別に，フォロワーの画面上部の Stories トレイに表示される。

❹スクショ 正確には，スクリーンショットとよばれ，スマートフォンやパーソナルコンピュータの画面に表示されたもののすべてまたは一部をコピーした画像のこと。簡単な操作で画面のコピーを作成できるので，この機能により情報が拡散することも多い。

ワンポイントアドバイス 食事や旅行先で「インスタ映え」する写真撮影に熱中する行為が，ときとしてまわりの人たちに不快感をあたえることもあるので注意しよう。一部の行き過ぎた行為から，「インスタ蝿」といったネガティブな呼称も生まれている。

●デジタルデータはコピーできる

レナの問題点として，そもそもバイキング形式の店で到底食べきれない量の料理やスイーツを取るのはマナー違反であり，食品ロスを発生させる問題のある行為であることをしっかりと自覚する必要がある。

Instagram Stories への投稿は，たしかに 24 時間で消去されるようになっているが，動画のスクリーンショットは誰でも簡単に作成可能だし，動画そのものもアプリやツールを使えばコピーは不可能ではない。

また，Instagram Stories の動画を再生している端末の画面を，別の端末で撮影する原始的な方法でもコピーは可能だ。

このあとどうする❓

インターネット上に拡散してしまったデジタル情報を完全に消し去ることは不可能である。レナは，いっしょにお店に行った友人に自分の過ちを素直に謝罪し，Instagram 上でも素直に非を認め反省するあらたな投稿をするべきだ。また，当日の取り分けたスイーツは，友人たちが協力してくれたおかげで，なんとかすべて食べ終わることができたことも，説明しておこう。

ジオタグ

写真や動画，SNS のメッセージなどさまざまなメディアに追加できる位置情報（緯度・経度）を示すメタデータのこと。ジオタグをつけることを**ジオタギング**という。ジオタグつきのデータは，それをサポートしているアプリや Web サービスにおいて，地図上に対応する場所が自動的に表示される。(→p.33)

便利な機能だが，たとえば公開した写真から，学校や自宅などの位置情報を知られる危険性がある。スマートフォンの設定で位置情報の機能をオフにすれば，ジオタグはつかない。

考えてみよう▶

Instagram に投稿するとき，ほかに気をつけなければならないことについて考えてみよう。

Instagram の初期設定を変更しよう！

Instagram のアプリを開き，画面右上の「≡」をタップし，画面下にある「設定」をタップする。

① 「プライバシー設定」をタップする。

← プライバシー設定

アカウントのプライバシー設定

🔒 非公開アカウント

インタラクション

🚫 非表示ワード

💬 コメント　　　　　　　すべての人

「非公開アカウント」にチェックを入れると，自分をフォローしている人のみに公開する範囲を限定できる。

② 「セキュリティ」をタップする。

← セキュリティ

ログインセキュリティ

🔑 パスワード

📍 ログインアクティビティ

🔒 ログイン情報を保存

🔐 二段階認証

「二段階認証」をタップすると，2 階段認証（多要素認証）の設定ができるので，アカウントを乗っ取られにくくなる。

あのときのアヤのインスタいいね！が，いっぱい！

これが，好ましい使い方なのね！

（使用している OS によって操作の手順が異なる場合がある。）

問題

次の①～③のうち，Instagram の利用における態度として，もっとも問題のないものを 1 つ選びなさい。（正解は p.10）

（　　）①公園に咲いている桜がとてもきれいだったので，青空をバックに撮影し，投稿した。

（　　）②近所に新規開店したケーキ屋さんのよい宣伝になると思い，イートインで撮影したケーキの写真を無許可で投稿した。

（　　）③友人 3 人と撮影した遠足の記念写真を許諾を得て投稿した。その写真の背後には，他のクラスメイトも多数写り込んでいた。

 ヒント　撮影してもよい場所かどうか，撮影しても問題のないものかどうか，考えてみよう。

事例 4 オンライン授業

オンライン会議ツールの特徴，参加のマナー

オサムたちの学校では，土曜日の講習がオンライン授業形式で実施されています。どうせ上半身しか画面には映らないと考えたオサムは…

 解説

❶**オンライン授業** 新型コロナウイルスの感染拡大による休校措置などを受けて，2020 年には全国の小中高等学校や大学などで一気に需要が高まった。**同時配信型**と**オンデマンド型**に大別され，それぞれメリット・デメリットがある。同時期に，多くの企業では出勤せずに自宅などから仕事をする**テレワーク**が導入され，オンライン会議などがおこなわれるようになった。

❷**Google Classroom** Google 社が提供しているオンライン学習システムのツール。生徒と先生のオンラインコミュニケーションや，課題の受け渡しや小テストなどが簡単にできる。

❸**Meet** Google 社が提供しているオンライン会議ツールで，複数の人との資料を見せながらの話し合いが簡単にできる。ほかに，Zoom やMicrosoft Teams などもよく使われる。

❹**マイクを切り忘れているぞ** オンライン授業は，生徒それぞれの部屋やリビングなどで受講することが多い。そのため，各家庭の生活音などがマイクを通じてほかの受講者全員に配信されるトラブルが起きがちである。指名されたときや自ら発言したいとき以外は，マイクをオフしておくのがよい。生活音やノイズの影響を受けにくくするためには，ヘッドセットなどの利用も効果的である。

ワンポイントアドバイス パソコンと Chromebook やスマートフォンなど手元にある 2 台以上の端末を使ってオンライン授業を受講する場合，ハウリング防止のために，1 台を除いてスピーカーをミュート（無音）にしておこう。

●オンライン授業でもマナーはたいせつ

①オサムの問題点

上半身しか映らないからといって，下はパジャマのまま授業を受けるというような心構えでは，そもそも授業にも集中できていない可能性が高い。オンライン授業で，制服を着ることまでは求めない学校もあるだろうが，最低限，そのまま外出が可能な服装で授業を受けるべきだろう。

②レナの問題点

オンライン授業では，思ったよりも参加者の生活音が気になるものなので，ほかの生徒の受講の邪魔にならないよう，こまめにマイクのオン・オフを切りかえよう。

③オンライン授業の利点

・通学時間がないため時間を効率的に使える。
・学習の機会が失われない。たとえば，
　　事情があって登校できない生徒の学習も保証できる。
　　感染症流行時には，感染のリスクを減らせる。
　　など

ヘッドセット

ヘッドセットとは，授業の音声を聞くためのヘッドホン（イヤホン）と，自分の声を相手に届けるためのマイクが1つになったマイク付きのヘッドホン（イヤホン）のこと。両手が自由に使えるため，パソコンなどを操作しながら使用でき，まわりの環境に左右されにくい。

バーチャル背景機能

この機能を使用すると，オンライン授業を受講中の自分の背景として，実際の背景のかわりに，好きな画像や映像を表示できる。できるだけ単色の壁やカーテンを背にして照明が均一だと，きれいに合成されやすい。

土曜講習の先生と受講している友人に，素直に謝ろう。二度と同じ失敗を繰り返さないために，たとえ土曜日であっても余裕をもって起床し，最低限のマナーとエチケットを意識した服装で，これからは土曜講習を受講するようにしよう。

オンライン授業で，できるだけ長く集中力を維持させるための工夫を考えてみよう。

同時配信型授業とオンデマンド型授業

①同時配信型
先生が教室や職員室などから，動画や音声，スライドなどを使ってリアルタイムに授業を配信する。生徒はそれらを時間割に沿って自宅などで受講する。

②オンデマンド型
先生があらかじめ教室や職員室などで録画した動画や音声，スライドなどを YouTube 等で配信する。生徒は自分の好きな時間に自宅などで受講する。

	メリット	デメリット
同時配信型授業	対面授業に近い形で受講できる。発言や質問がしやすい。	全校生徒が安定して授業を受けるためには，相応のインターネット環境が必要。
オンデマンド型授業	生徒が受講する時間を決められる。何度も繰り返し視聴できる。	集中力の維持が難しい。録画形式なので直接質問できない。

次の①〜③のうち，オンライン授業の受講において，問題のないものを選びなさい。（正解はp.10）

（　　）①自分の部屋が映り込むのがいやだったので，友だちと遊びに行ったときの記念写真を，無許可でバーチャル背景に利用した。

（　　）②教室と同じように積極的に相槌を打って授業を盛り上げた。

（　　）③あとで復習に利用するため，先生とクラスメイトに断ってから双方向授業を録画しながら受講した。

 ヒント　ほかの人が授業を受けるときに迷惑に感じそうなものはどれか，考えてみよう。

LINE に関する事例

Q 1 無料通話アプリなら，通話は実質無料なの？

LINE のことを，「無料通話アプリ」とよぶ人がいますが，なぜですか。

A 1

LINE は，無料で通話ができるアプリとして開発がスタートしたからです。開発のきっかけは，2011 年 3 月 11 日に発生した東日本大震災だといわれています。このとき，電話などの通信網がとても大きな被害を受け，家族の安否確認すらできないという状況でしたが，災害に強いという特性をもったインターネット通信網は，かろうじて使える状況でした。そこで，「緊急時の連絡手段として使えるインターネット通信網を使った無料通話アプリをつくろう」という思いから急ピッチで開発を進め，2011 年 6 月に LINE は誕生しました。

現在では，「LINE トーク」とよばれるリアルタイムでのチャット（おしゃべり）機能や 3 人以上で利用できる「LINE グループ」機能のほうが，無料通話機能そのものよりも支持されているため，不思議に感じる人がいるかもしれません。

Q 2 SNS？それって，なんなのさ？

SNS って，そもそもどういう意味ですか。

A 2

SNS とは，ソーシャル・ネットワーキング・サービスの略称で，Web 上で社会的（ソーシャル）なつながり（ネットワーク）を構築することができるサービス全般を意味します。
Social networking service

世界的に利用者数の多い SNS の代表である Facebook は，実名で登録することが原則で，現在の自分の所属，卒業した学校なども登録することで「知り合い」の可能性のある人を検索・紹介してくれるシステムをもっています。また，登録した「知り合い」の共通性を手がかりに，友人のネットワークをさらに広げていくこともできます。なお，実名での登録を義務づけてはいますが，偽名で登録することを防ぐしくみはありませんので，注意が必要です。利用にあたっては，情報の発信を SNS 利用者「全体」に向けてするのか，「特定の知り合いだけ」にするのかを判断する必要があります。

SNS は，自分の個人情報（プロフィール）をある程度公開して参加するネット上のコミュニティであるため，不特定多数が参加する匿名掲示板や，匿名でコメント書きこみができるため炎上しやすいといわれるブログなどよりも，かつては安全だといわれていましたが，利用者が飛躍的に増えた現在では，そうとはいえない状況になっています。

なお，匿名とは，自分の正体や実名を明かさないことをさします。書き込みをするときには，実名のかわりにハンドルネームとよばれる実名とは違う名前が用いられるケースも多くあります。

Q 3 こっそり読めたらいいのにな

LINE トークで「既読」を表示させずにメッセージを確認できませんか。

A 3

できます。あらたなメッセージがアラートなどで表示されたとき，次のような手順をふんで読めば，相手に「既読」が表示されません。

①スマートフォン本体の設定で，「機内モード」に変更して，アプリからのインターネットへの通信を遮断する。
②LINE のトークモードを起動して，内容を読む。
③ホーム画面に戻って，アプリのタスクを終了させる。
④「機内モード」を解除して通信を再開する。

LINE トークの「既読」は，パソコンのメールの「開封済み」メールと同じようなしくみを利用していますので，アプリからの通信を遮断して内容を確認し，そこでひとまず終了させれば「既読」情報が相手に送信されないのです。ただし，機種によってはこの手順でも「既読」が表示される場合もあります。

しかし，LINE トークを利用しあうのは，親しい友人どうしのはずです。こんな裏技で「既読」表示が出ないようにするのは，本質的な解決策にはなりません。お互いに「既読」表示に縛られない適切な使い方を話しあいましょう。そもそも，LINE アドレス（友だち追加）を交換する相手は，プライベートでも連絡のやりとりを交わす関係になるということを意味するので，その人とそういう親密な関係になりたいのかを考えてからにしましょう。そういう意味では，安易に LINE 登録を人に求めることも避け，人間関係を深めてからにしましょう。

Q 4 機種変更とデータの引き継ぎ

スマートフォンを機種変更したいのですが，LINE のデータも引き継げますか。

A 4

LINE アカウントを引き継ぐことでデータの移行は可能です。ただし，事前にデータのバックアップなどの準備が必要です。このとき，スマートフォンのオペレーティングシステム（OS，たとえば iPhone シリーズでは iOS，そのほかのスマートフォンでは Android の各バージョンが使われている）や機種などが違っていると引き継げないデータもあるので注意が必要です。

また，プライバシーを保護するため，LINE アカウントを引き継いだ時点で，自動的に古いスマートフォンのデータは消去され閲覧できなくなります。

▼異なる OS 間でも引き継げるデータの例
- 友だち，グループ
- プロフィール情報
- アルバム，ノートの情報
- タイムライン
- スタンプ，着せかえ，絵文字
- Keep に保存したデータ (Keep メモを除く)
- LINE Pay，LINE ポイント残高

▼同じ OS 間でしか引き継げないデータの例
- LINE 連動アプリ，サービスの情報
- トーク履歴 (ただし，事前にバックアップが必要)
- LINE コインなどのアプリ内通貨 (ジェムなどの各種 GAME 内通貨，マンガコイン，占いコインなど)

X に関する事例

Q5 ツイッターってなあに？
「ツイッター」とか「つぶやき」とかいう言葉を聞きますが，これはなんですか？

A5
X は，もともとは Twitter (ツイッター) という名称のサービスでしたが，運営者が変わったことにともなって 2023 年 7 月に名称が変更されました。名称変更前は「ポスト」のことを，鳥の鳴き声をあらわす「ツイート」とよんでおり，これを日本語では「つぶやき」と表現していました。同じように，「リポスト」は「リツイート」とよばれていました。

Q6 タイムラインってどこ？
X でよく聞くタイムラインって，何のことですか。

A6
X にアクセスすると，自分がフォローしている人のポストや自分のポストが発言した時間順に並んで表示されます。時間順に発言が並んでいることから，これをタイムライン (TL) とよびます。それだけのことなのですが，地震の発生など大きな事件が起こると，世界中の人びとから，それに関する情報が刻々とタイムラインに並ぶことがあります。テレビなどに頼ることなく，情報が自分の手元に集約されてくる，これが X の利点です。

Q7 リポストは 2 つある。公式と引用だ。
リポストには「公式」と「引用」とがあると聞きましたが，どう違うのですか。

A7
リポスト (RP) は，X のもっとも特徴的な機能です。

公式リポストは，ほかの人のポストを自分のフォロワーへ知らせたいときに使うしくみです。リポストボタンをクリックするだけで，元のポストがそのまま自分のフォロワーに送られます。

引用リポストは，元のポストを RP し，意見などを合わせて書く機能です。なお，自分のポストを，自分で引用 RP することも可能です。

リポストは便利な機能ですが，正しくない情報が拡散しないようにするためにも，RP ボタンをクリックする前には元の記事をよく読み，情報の信憑性を確認するようにしましょう。

Q8 話題を手繰り寄せよう
ハッシュタグを活用するのがよい，と聞きましたが，どんな機能ですか。

A8
ポストの内容をグループ化する方法です。ポストのなかにスペースを入れ，たとえば「#abc」のように，キーワードなどの直前に半角で # (ハッシュマーク) をつけます。こうすると，ポストにタグ (目印) がついた状態になり，同じキーワードがつけられたポストをすばやく検索できるようになります。たとえば，共通のハッシュタグを決めておけば，好きなアーティストの情報を共有できます。これを利用したコミュニティ (クラスタとよぶ) もできています。

ハッシュタグは，だれでも自由につくることができ，日本語も使用可能です。また，X 以外の SNS でも利用できるものが多数あります。

Q9 バカやってんじゃないよ
バカッターという言葉を使う人を見かけますが，なんのことですか。

A9
バカッターとは，「馬鹿」と「Twitter」をあわせた言葉です。X が Twitter という名称だった 2013 年ごろに，SNS 上で「アルバイト先の冷蔵庫に入る」「食材で遊ぶ」などのふざけた写真を公開したり，「テーマパークでわざと危険な行為をした」など社会的に許容されない行動を自慢げに書きこんだ学生が，その友人とともに実名入りで報道される事例が相次ぎました。これは，**バイトテロ**ともよばれる社会問題にもなりました。その後，投稿者は大きな社会的責任をとらされたことも数多く報道され，一旦は下火になっていきました (⇨ p.49)。しかし，最近になって再び「SNS の鍵付きアカウントや Instagram のストーリーなどなら，仲間内の悪ふざけですむだろう」といった思い違いから，同じような投稿が拡散し，大炎上を起こす事案が増えています。

こうした迷惑行為は，お店や企業から損害賠償請求

を受けるのはもちろん，投稿された写真や動画は無数にコピーされてネット上に残り，半永久的に晒され続けることになります（⇨ p.55）。ネット上においても実社会においても，自らの行動には，ルールとモラルの遵守が重要です。

Instagram に関する事例

Q 10 私はリア充になりたい

Instagram をはじめたのですが，平凡な日常しかアップできない自分に嫌気がさしています。どうしたらいいですか。

A 10

Instagram にかぎらず SNS において，無意識のうちに自分と他人の生活環境をくらべたり，光り輝いている他人の日常と自分の生活をくらべて落ち込む人は，少なくありません。しかし，よく考えてみてください。平凡な日常が平和に繰り返されることの幸せを。そんなことに悩むのは，ある意味，贅沢な思い違いであることにも気づいてください。世界中には，飢餓や紛争に苦しんでいる人たちもたくさんいます。

ただ，そうはいってもあなたにとっては大きな悩みごとだと思いますので，しばらく Instagram やSNS から距離を取ることをおすすめします。SNS には，メリットもあればデメリットもあります。あなたが，楽しい・役立つと思う日がきたなら，再開すればいいと思います。

Q 11 ネットで集客したい

親戚が，念願だった雑貨店を開店しました。わたしができそうなこととして，Instagram を使ってお客さん集めに貢献したいのですが，どうすればいいですか。

A 11

マスメディアやネットで大げさにその集客効果が取り上げられることもありますが，Instagram は文字情報ではなく写真や短い動画による投稿に特化しているため，ふつうの人が集客に利用するのはそう簡単ではありません。ただ，「きれい，かわいい，おいしそう」などの情緒に訴えかける投稿は得意な SNS なので，雑貨店の宣伝には向いているかもしれません。すぐには結果が出ないと思いますが，地道にコツコツと楽しみながら，自分の気に入った写真などの投稿を続けてみましょう。そうすれば，半年から 1 年後には効果があらわれてくるかもしれません。がんばってください。

Q 12 マステじゃないよ，ステマだよ

私の好きなアイドルが Instagram でステマにかかわっていたことを謝罪していました。ステマって，よくわかりませんが，なにかよくないことなんですか。

A 12

ステマは，「ステルスマーケティング」の略称です。Instagram にかぎらず，消費者に特定の商品やサービスについて，宣伝と気づかれないように商品を宣伝したり，商品に関する口（くち）コミ情報を発信したりする行為をさします。そのような情報を発信することに対して，商品やサービスの無料提供や対価の支払いなどがおこなわれているにもかかわらず，そのことをフォロワーや消費者に隠したり偽ったりしているものです。ステルスマーケティングは，モラルの観点からも好ましくありませんが，「だまされた」という怒りの感情から非難の対象となりやすく，炎上騒ぎに発展するケースも少なくありません。

2023 年 10 月 1 日からは，ステルスマーケティングは景品表示法（不当景品類及び不当表示防止法）違反とされるようになっています（第 5 条第 3 号の規定にもとづき，「一般消費者が事業者の表示であることを判別することが困難な表示」について指定がおこなわれた）。

Q 13 主従が逆転

おいしいレストランやおしゃれなカフェに行っても，Instagram に投稿する写真撮影のことばかり気になって，楽しむことができません。

A 13

Instagram にその場の感動や記録を投稿することは否定しませんが，主従が逆転してしまっているような気がします。まずは，その場のおいしい食事やカフェの雰囲気を楽しむことをたいせつにしましょう。食事に出かけた先や旅行先で，Instagram に写真や動画を投稿することが楽しいと感じるならよいのですが，そうでないなら，いちど冷静に考えることが必要だと思います。

また，いっしょに出かけている友人などにも不快な思いをさせていないかということも考えてみてください。

オンライン授業に関する事例

Q 14 セキュリティが心配

以前，オンライン授業や会議に，無関係の第三者が勝手に参加するなどの報道があったので，セキュリティ面が心配です。

A 14

新型コロナウイルスの感染拡大が日本でも問題になった 2020 年ころに，一気にオンライン授業や会議の利活用が広がりました。たしかに，システムにも欠陥はありましたが，「無関係の第三者が勝手に参加する」原因の多くは，まだ使い方になれていない人が，オンライン授業や会議がおこなわれているルームの

コードやパスワードを，誰もが見られる Web ページ上に記載するなどしたことです。現在では，システムも改修され，利用する側の理解も進んだので，そのような事案は起こっていません。安心して，オンライン授業や会議に参加してください。

Q 15 先生が見えないと不安です

オンライン授業でたくさんの生徒が受講している場合，先生など特定の参加者を，画面に固定することはできますか。

A 15

できます。Google Meet や Zoom には，1 人だけではなく複数の発言者を，画面にピン留めする機能があります。ただし，この機能は，パソコン用のソフトウェアでしかサポートされていないケースもあります。今後，アプリのバージョンアップなどによって，パソコン以外の端末を使う場合でも，このような機能がサポートされていくと思います。

Q 16 クラウドってよく聞くけれど

クラウドという言葉を最近よく耳にするのですがどういう意味なのですか。いまさら人に聞けない雰囲気があり困っています。

A 16

クラウドという語は，本来は「雲」という意味です。ここでの質問にあるクラウドは，**クラウドコンピューティング**といって，おもにインターネットを使ったシステム（ソフトウェアあるいは保存領域）の利用形態をあらわす言葉（概念）です。

その起源には諸説あって，2006 年の Google の CEO であるエリック・シュミット氏による発言ともいわれていますが，それ以前にも，IT 業界の慣習でシステム構成図を作成する際にネットワークの向こう（インターネット）側を雲のマークであらわしていたことがありました。これが，このネーミングの由来です。

現在，私たちがスマートフォンなどで利用する情報やさまざまな処理は，その雲のように広がったインターネット上のサーバ群のソフトウェアや保存領域を活用しているケースも多く，いつでも，どこでも，どの端末からでもアクセスできるようになっています。もし端末が壊れても，ほかの端末からクラウドに保存されたデータを利用できます。また，端末が盗まれても，パスワードなどをしっかりと管理していれば，クラウド上のデータを盗み見されることもありません。

Q 17 学校行事のアンケートを取りたい

Google Classroom を使ってクラスの文化祭の出し物についてのアンケートを取りたいのですが，簡単にできますか。

A 17

とても簡単にできます。担任の先生の許可は必要ですが，Google フォームを使えば，だれでも簡単にWeb 上で回答できるアンケートをつくれます。また，Google スプレッドシートにクラス名簿を貼り付けて，その隣のセルにアンケートの回答を記入してもらう方法も使えます。ただしこの方法では，ほかのクラスメートの回答も閲覧が可能となりますので，メリットとデメリットを理解して利用してください。

また，実際に文化祭の出し物の準備や練習をするときは，Google カレンダーを利用することで，クラスメイトとの日程調整などを効率的におこなうことができると思います。これからの未来を生きるみなさんにとって，このようなクラウドシステムを利用した各種の情報共有は有用なツールとなると思いますので，ぜひ積極的に活用してください。

Q 18 「まきこんでますよ」

突然「まきこみ，やめてください」とか「まきこんでますよ」とリプライが届きました。これは，なんでしょうか？

A 18

X の仕様では，会話に一度でも参加した人には自動的に @ ポスト（メンション）がおこなわれるようになっています。そのため，話題が途中から変化してしまったり，ほんとうに少しだけしか会話に参加していない人がいたりする場合など，そうした無関係になってしまった人にもリプライ通知が届いてしまうようになっています。こうした現象は巻き込みリプライ（通称：まきこみ）とよばれ，それを迷惑と感じるユーザも多くいます。会話の流れをしっかりと把握し，現在その会話に参加している人が誰なのかをよく理解して，無関係になってしまったユーザにはリプライが届かないように気をつけておきたいですね。

YouTube

危険な撮影，炎上への対処，YouTuber

リョウスケは最近，YouTube で公開する動画の作成に夢中になっています。でも，人気の出る動画をつくるのはなかなか難しいのでした。

1 かっこいい映像は，ここからじゃ無理だ❶。

ちょっと跨いで…

少しくらいいいだろう❷。

2 かっこいいのが撮れたね。

電車とった!!!!!!!!!

3 線路の外から，この角度で撮れるの？❸

おや…

に!!!!!!!!!

4 ひえぇぇぇぇぇぇ

公開コメントを入力

電車マニアくん　1日前
犯罪なんだよなぁ❹
👍 50　👎　返信
▼ 返信を表示

でんしゃふざけん
👍 25

 ## 解説

❶**ここからじゃ無理だ**　スマートフォンに搭載されているカメラは，画像の品質はよくなってきているが，ズームして画角を自由に変更することは，上位機種にかぎられているのが普通である。そのため，YouTube などの動画投稿サイトに投稿して人気が出るような迫力ある映像のためには，撮影対象に近づくなどの方法が必要である。

❷**少しくらいいいだろう**　踏切のなかに入って撮影することは，違法行為である。危険な場合があるのはもちろんのこと，たとえ危険がなくても，違法行為を動画に残すことは，自分がそんなことをする人間だと宣伝していることになる。

❸**この角度で撮れるの？**　被写体をよく知っている人が見ると，おかしな動画（この場合は踏切の中に入って撮影しているとわかる動画）であることがすぐにわかることは，よくある。

❹**犯罪なんだよなぁ**　違法行為の動画は，炎上する。違法行為でなくても，モラルやマナーに反する疑いがあれば，炎上する可能性は高い。リョウスケは，当初望んでいた「かっこいい動画をつくる人」ではなく，「踏切に入って撮影する犯罪自慢の人」として名をはせてしまった。

ワンポイントアドバイス　動画をつくるときは，「映り込み」に注意しよう。まわりを歩いている人なども，顔がわかるようならモザイク処理をしたほうがよい。建物も，有名で知られているものの場合，パブリシティ権や著作権の問題が生じることもある。

ここに注意 ！

● 違法行為をおこなって撮影した動画は削除

①公開停止と謝罪

違法行為により撮影した動画は，ただちに公開を停止する。ただ消すよりも，「ここで公開していた動画は不適切な方法で撮影したものでした。公開を停止して，お詫びします。」のような画像か動画をつくって，それにさしかえるのがよい。

②炎上対策

自分の動画が原因となったのだから，しかたがない。炎上をたきつけるような書き込みには反応しないか，コメントを停止した状態にする。しばらくすれば，だれも気にしなくなるものと期待しよう。

このあとどうする ？

動画が「迫力ない」ものである原因は，トリミング（不要な部分を切り捨てる）ができていないためであることも多い。動画のはじめや終わりの部分を切り捨てるなどの編集ができるソフトウェアはいろいろなものがあるし，画像のうちの必要な部分を拡大できるものもある。これらのソフトウェアを使ってあとから編集して迫力あるものにしあげれば，堂々と公開できる。

もちろん，加工に使うソフトウェアやアプリに使用の条件があったら，それはきちんと守るようにする。ソフトウェアの使用条件で炎上したら，まったく意味がないので。

◀動画編集ソフトの例
不要な部分を切り捨てたり，ほかの動画をつないだりできる。

考えてみよう ▶

ほかに，動画を作成していてついやってしまう違法行為には，どんなものがあるだろうか。どうすれば避けられるだろうか。

ひとこと

TikTok

TikTok は，15秒〜1分程度の短い動画を投稿したり鑑賞しあったりして楽しむ SNS である。そのための編集機能や BGM，特殊効果もアプリにそなわっていて，誰でも簡単につくることができる。人気ある TikToker の動画は，何百人もの人が見ることがある。

一方で，TikTok の危険性について指摘されることもある。個人情報の流出，出会い系アプリ（男女の交際を主目的としたアプリ）として使われるケース，誹謗・中傷，迷惑行為，チャレンジ動画などが代表的である。チャレンジ動画とは，難しい行為（息を止めるなど）のチャレンジを競うもので，子どもが死亡した例もある。

YouTuber

世の中には，テレビは見ないで，知りたいことがあれば YouTube を見るという人も大勢いる。そのため，今日では YouTuber は「将来なりたい職業」の上位にくる，人気の職業である。何万人もが見にくるような人気 YouTuber であれば，アフィリエイト（提携広告）を載せることで，高い収入を得られる。

ただし，そんな人気 YouTuber には簡単にはなれない。いい動画を，しかも週1回といったペースで生み出し続けるのは，相当なアイデアと根気の持ち主でなければ難しいのである。

問題

次の①〜③のうち，動画作成者として正しい行動を選びなさい。（正解は p.24）

(　) ①見映えがするように，人気サイトの動画を借用してきた。
(　) ②人が映り込まないように，注意して撮影した。
(　) ③迫力が出るように，立ち入り禁止の中に入って撮影した。

 ヒント　人物の写真には，肖像権やプライバシーの問題がある。

検索サイト

絞り込み検索，検索アルゴリズム，SEO

レナは学校の課題で「電気自動車」について調べていますが，なかなかうまくいかないようです。

解説

❶広告へのリンクばかり　検索した語にかかわるサイトをどのように並べてユーザに見せるかは，**検索アルゴリズム**（検索結果を表示させるしくみ）で決まる。「検索した語が多く入っている」などがまず考えつくが，Google のアルゴリズムには「人気サイトから多くリンクされているページは上位」というものがあり，これはとてもよく「役に立つ」ページを集めてくれるとされている。

　検索サイトは無料で利用できるが，運営は広告収入によっている。そのため，検索した語にかかわるサイトだけでなく，その語にかかわるサイトで広告料を払っているサイトをまず出してくる。

多くの人が検索しそうな語だと，広告もいっぱいになりやすいのだ。

❷「とは」をつけてみる　「電気自動車」と「電気自動車とは」のちがいは，「電気自動車とは」という商品はないので広告よけになり，しかも解説しているサイトが多く見つかることである。

❸1回転　Google の遊びごころで，「一回転」「斜め」などの語を表示させるとその通りの視覚効果を見ることができる。英語だとほかにももう少しあって，「Google Gravity」「Google Space」「Google Sphere」「Google Mirror」「Google Underwater」などがある。

ワンポイント アドバイス　まず，検索サイトを吟味しよう。いくつかの言葉で検索をおこなってみて，自分にとって使いやすい検索サイトはどれかを考えるとよい。

● 検索のいろいろな「技」

① AND 検索

Google などの検索エンジンでもっともよく使われるのは，「電気　自動車」のように複数の言葉を並べて入力することである。これは効果としては「電気」と「自動車」両方の単語をもつページをさがしてくるので，**AND 検索**という。「電気　自動車　スポーツ」のように単語を多く並べてもよい。こうやって対象となるページを少なくしていくことを**絞り込み検索**という。

② OR 検索

AND と対をなす機能で，「A または B」のような検索をさせたい場合には **OR 検索**を使い，「電気 OR 自動車」のようにする。ちなみに，AND 検索も「電気 AND 自動車」と書いてもよい。

③ NOT 検索

特定の言葉を含まないページだけがほしい場合には，「自動車　－電気」のように，除外したい言葉に「－」をつける。これは **NOT 検索**という。

▲ AND 検索
「電気自動車」のように，両方を含んだページが見つかる。

▲ OR 検索
「電気自動車」のほか，「電気」や「自動車」を含んだページが見つかる。

▲ NOT 検索
「電気」は含むが「自動車」を含まないページが見つかる。「電気自動車」は見つからない。

検索エンジンはうまく使うと，とても効率よく調べたいことが見つけられる。普段からいろいろ検索して，使い方に慣れておこう。

考えてみよう ▶

絞り込みのしかたを知らないで全部のページを見る場合と，AND 検索で絞り込んで見る場合とで，見なければならないページはどれくらい変わるだろうか。自分の興味のあるテーマでやってみよう。

SEO (Search Engine Optimization)

SEO とは検索エンジン最適化のことで，検索エンジンのアルゴリズムをうまく利用して自分のページの掲載順を上げようとすることをいう。たとえば，多くのページから意味なくリンクされていてもリンクには違いないので，そのようなリンクをつくったり購入したりして，順位を上げる手法がある。このような，検索エンジンの裏をかくやりかたを**ブラックハット SEO** といい，見つかると順位を下げられるなどペナルティがある。これと対照的に，意味のあるタイトルやリンクなど，検索エンジンが推奨することを徹底することで順位を上げようとすることは**ホワイトハットSEO** とよばれる。

Wikipedia

Wikipedia は多くのボランティアによってつくられている「Web 上の百科辞典」である。もとは英語版だけだったが，いまは各国語版がつくられており，日本語版もある (http://ja.wikipedia.org/)。

誰でも内容を書くことができるが，きちんとした内容でないと編集者の人たち（これもボランティア）からチェックが入ったり，公開停止になったりする。こうした「みんなの力」により，多数の項目の詳しい内容が維持されている。

次の①〜③のうち，検索サイトのよい使い方として，もっとも適切なものを選びなさい。(正解は p.24)

（　　）①面倒なので，もっとも上に出てきたサイトだけを見る。
（　　）②検索で出てきたページは，全部に目を通すようにする。
（　　）③ AND 検索，NOT 検索などを使って絞り込んでさがす。

 絞り込みをおこなわないと，関係の薄いページも多数あらわれ，見るのがたいへんである。

7 信頼できるサイト

信憑性，公式サイト，情報操作

リョウスケはお気に入りのアーティスト「BKS」について，公式サイトだけでは物足りないので，ファン掲示板にも参加してみました。

解説

❶**ファン掲示板** Web サイトによって，そのコンテンツの方針がさまざまであってもかまわない。リョウスケはたまたま，みんなが嘘まじりのニュースで盛り上がって楽しむという方針の掲示板（→ p.25）に，それと知らずにきてしまった。

❷**公式サイト** 公式サイトとは，そのアーティストなどの運営母体が，責任をもって情報を公開しているサイトで，URL（→ p.26）も「団体名や所属名 .co.jp」のような，それなりのわかるようなものになっているのが普通である。たとえば解散したとしても，無関係な者に取られないように，URL は確保し続ける必要がある。サイトがたく

さんあるとき，そこから公式サイトをさがすのは簡単ではないかもしれない。その組織がパンフレットなどを公開しているなら，そこに公式サイトの URL が記載されているはずである。人気のあるものの公式サイトだと，間違ってアクセスされることを狙った偽のサイトがつくられていることもある。スペルが少し違っていたり，ドメインの一部が違っているなどの手口がある。

❸**誰もいない** 幸い，みんな公式サイトなどでチェックしたためか，リョウスケが広めた嘘ニュースに踊らされた人はいなかったようだ。不幸中の幸いである。

ワンポイントアドバイス サイトにはサイト管理者ごとのポリシーがあって運営している。それが気に食わないといって，戦っても時間の無駄である。自分の居心地のいいサイトをさがそう。

●Web サイトの信憑性について考えよう

① Web サイトの信憑性は目標となりにくい

じつは，多くのサイトは「見られる」ことを目的につくられている。アクセス数が多ければ，作者の満足も高く，広告を入れた場合の収益も高くなる。では，「見られる」ことを目的とした場合，サイトはどうなりやすいだろう。「おもしろい話題」「目を引く内容」が目的となりやすい。そうすると，信憑性は二の次になりがちなわけだ。

② Web サイトの信憑性は自分で判断

上のようなわけで，信憑性のある情報を，と思うなら，自分で何とかしなければならない。それには，大きくわけて2つ方法がある。1つは，それぞれのサイトの信憑性を自分で見つくろって，信憑性の劣るサイトのことはあまり信用しないこと。もう1つは，複数のサイトや，場合によっては新聞，テレビなどの情報も考慮して，個々の情報の確からしさを評価することである。

③ Web サイトは基本的に匿名

Web サイトは基本的に，誰がつくっているか，書いているかがわからない。すなわち，匿名である。名前を名乗っている人も多数いるが，嘘の名前の場合も多数ある。

このあとどうする ?

自分以外に嘘情報に踊らされた人がいないようなのはよかったが，今からでも自分がふだん見ているサイトの信憑性を確認し，信憑性に問題のあるサイトの内容は「紹介しない」「ネタとわかる書き方で扱う」などの方針をとるようにする。

公式サイトをさがす

「URL がそれっぽい」というのを手がかりにしている人がいるが，トップレベルドメインはたくさんあるので，一般の人が有名っぽいサイト名をもっているということもありえる。

結局，「信頼できそうな情報を流しているから」「よそのサイトが，あそこが公式と言っているから」というのを理由に判断することもあるが，その場合も含め，Web の情報は信頼度がさまざまであると思っておくのがよい。

情報操作

情報の発信者が，受信者の考えを自分の都合のよい向きに誘導することを情報操作といい，大きくわけて4つのパターンがある。

①情報の独占・断絶・オーバーフロー

一部の者にしか情報が入らないようにすることで，自分に都合のよい情報だけを流したり，勝手につくり上げた情報を流しやすくする。

例)戦闘に負けたことは隠しておいて「勝った」ときだけ伝えていた，第二次世界大戦中の大本営発表などが，これにあたる。

逆に，大量の情報を投げつけて相手の情報処理能力をパンクさせ，正しい判断ができなくなるようにする場合もある。

②情報の改竄

自分に都合がいいように，情報を変えてしまうこと。

例)安い牛肉を高級品であると表示していた，牛肉の産地偽装事件などが，これにあたる。

③情報の捏造

事実でないことを事実のようにいうこと。

例)科学者のコメントから都合のよい部分だけをつないで「納豆を食べると痩せられる」ことに科学的な裏づけがあるように見せかけていたテレビ番組などが，これにあたる。

④情報の破壊

情報をなかったことにしてしまうこと。

例)10年間の保存義務のある書類をその年度内に破棄し，採用試験での不正がばれないようにしていた事件などが，これにあたる。

考えてみよう ▶

私的につくられたサイトでも，信憑性の高いところ，低いところがある。どうすれば見分けられるだろうか。

問題

サイトとのつき合いかたで，もっとも問題のないものを選びなさい。（正解は p.24）

( ) ①正しい情報を載せていると思うサイトをまずチェックする。

( ) ②気に入らないサイトは，徹底して荒らす。

( ) ③信憑性の劣るサイトでも，おもしろければどんどん広める。

 ヒント　正しい情報にもとづかなければ，自分の判断も間違ったものとなる恐れがある。

事例 8 フェイクニュース

ファクトチェック，エコーチェンバー効果

レナのスマートフォンは，充電に時間がかかるようになってきました。早く済ませる方法は，ないものでしょうか。

1 このごろ，なんだか充電に時間がかかる❶なあ。う～ん

2 スマホ情報❷ @Warui_Mon
スマホを電子レンジに❸入れて温めると，すぐに充電ができるようになるよ。
XX:XX 20XX/●/■
ほうほう

3 ありゃ！スマホが壊れたよ！ プスプス

4 あのアカウントはフェイクニュース❹で有名だぜ… 情報の信憑性❺かぁ…

🎧 解説

❶**充電に時間がかかる** スマートフォンのバッテリーは消耗品であり，充電／放電の回数が多くなると，充電に時間がかかったり，充電してもすぐ放電してしまったりするようになる。

❷**情報** SNSでは，個人が書いているため，フェイクニュースに遭遇することも多い。また，Webサイトであっても，フェイクニュースを載せているようなところもある。

❸**スマホを電子レンジに** レナは「スマホを電子レンジで温めるとすぐ充電ができる」というフェイクニュースに遭遇し，試すことにしてしまった。ひどく寒いときは，温めると電池の調子がよくな

ることもあるが，電子レンジに入れるというのは，めちゃくちゃである。めちゃくちゃな行為の結果，スマートフォンは完全に故障してしまった。発火しなかっただけでもよかった，と思うべきである。

❹**フェイクニュース** フェイクニュースとは，嘘の（または嘘を含んだ）ニュースであり，それを信じて行動するとさまざまな問題を発生させる。

❺**情報の信憑性** このような信頼できない情報をさして，情報の信憑性がないとも言う。

 ワンポイントアドバイス 「フェイクニュース」という言葉は，2020年のアメリカ大統領選挙で，一層広く知られるようになった。トランプ大統領は，メディアの言うことを「フェイクニュース」となじったが，当時のツイッター（現在のX）などから「正しくない情報を発信している」と発言の流通を止められた。

ここに注意 ❗

● 人はなぜフェイクニュースを信じるのか

①ニュースは本当だと思いやすい

私たちの身のまわりには，多くのニュースがあふれており，ほとんどが正しい。このため，嘘のニュースでもニュースというだけで，正しそうに見えてしまう。

②エコーチェンバー現象

自分が賛成している意見をたくさん目にし，それが多数派だと信じこんでしまう現象。SNSだと，「同じ意見の友だち」が集まりやすく，エコーチェンバーができやすい。

▲エコーチェンバー現象

③口コミ効果

誰だかわからない人が言っていることよりも，友人が言っていることのほうが，確からしく思える。この現象とSNSによるエコーチェンバー現象とが組み合わさると，大きな伝染力をもつようになる。

④フェイクニュースのほうが伝わりやすい

フェイクニュースのほうが，正しさに注意を払ったニュースよりも，インパクトがありおもしろくできる。だから，生み出す人も伝える人も熱心である。

ファクトチェック

事実の言明に対して，調査によって収集可能な証拠にもとづき真偽や正確性をはっきりさせることをファクトチェックという。したがって，人の意見はファクトチェックの対象にはならず，公開されていない情報をファクトチェックに使うこともできないのである。

このあとどうする ❓

電子レンジで壊れたスマートフォンについてはどうにもならないが，これからはニュースの内容にもっと注意をはらうことで，フェイクニュースに引っかからないようにしたい。

ひとこと

ニュースサイト

インターネット上には，無料でニュースを読めるサイトが多数ある。これらは新聞やテレビにくらべて枠がないので，幅広いニュースが載せられる。一方で取材にお金がかけられないため，二次的な報道（…によれば，という形になるもの）なども多くなっている。言いかえれば，新聞などのメディアよりも，特性をわかって使いこなすことが必要なものとなっている。

工作員

さまざまなSNSや掲示板などで発言をして，世論を都合のよいように誘導しようとする職務の「ネット工作員」とよばれる人が存在しているとされる。たとえば，匿名アカウントによって名誉を毀損されたとする国会議員が，裁判所に発信者情報の開示を請求した。その結果，「Dappi」を名乗る匿名アカウントが使用していた回線を契約していたのは，個人ではなく企業であることが明らかになった，というケースがある。

このような組織とは関係なく，世論を誘導したり人を攻撃したりするのが趣味という人も「工作員」とよばれる。ひどい人になると，1日中やっているのだから，私たちとは手数がちがう。そういう人とは，かかわりあいにならないのがよい。

考えてみよう ▶

フェイクニュースをそれと見破るには，どうしたらいいだろうか。

問題

次の①～③のうち，フェイクニュースらしきニュースへの対処として適切なものを1つ選びなさい。（正解はp.24）

（　　）①フェイクニュースは悪いことなので，思いきり攻撃する。

（　　）②「らしき」ではまだわからないので，そう言って擁護する。

（　　）③話題にすることを避け，距離を置く。

 ヒント　フェイクニュースの情報源は，迷惑の確信犯が多いので，かかわらないのがよい。

事例 9 電子メール

電子メールのマナー，メーリングリスト

リョウスケは，先週あった職場見学のお礼状のメールを書くことになりました。

解説

❶お礼状をメールで 企業などのビジネス関係の連絡には，メールが多く使われている。見学のお礼状くらいだとメールがいいだろう。もっとたいせつな場面だと，封書が使われることもある。

❷ LINEと違って LINEなどと同じだと考えると，とんでもないメッセージを送ってしまいやすい。
×Subject（件名）がない。
×誰あてのメールか明記しない。
×名乗らない。
×フランクな言葉づかいをしている。
×絵文字を使っている。
×用件がはっきりしない。

×よろしくお願いします，などのあいさつがない。

❸マナー たとえば，このようなメールを送りたいものである。

Subject: 企業訪問のお礼
△△社総務部 ○○様： 第一高校1年 高橋レナ 先日はお忙しい中，私たちの訪問を受けていただき，まことにありがとうございました。 パンフレットなどではわからない，実際の現場のようす，たいへん参考になりました。 これからもよろしくお願いいたします。

 ワンポイントアドバイス メールは非常に古くからあるサービスであり，ソフトのでき方も古くさいところがある。しかし，どこでもやりとりが可能という点では代替物がないので，使われ続けている。

ここに注意❗

● メールのしきたりには理由がある

①件名（Subject）

ビジネスでは，多数のメッセージを受ける立場の人もいるので，中を見なくても用件がわかる件名が重要である。

②本文中に宛名を書き，名乗る

メールアドレスでは，だれだかわからないのが普通なので，だれ宛か，自分はだれかなどを本文に書く。

③絵文字はだめ

メールはさまざまな環境で読まれるので，絵文字はマナーの問題に加え，読めない，化ける，エラーなどの問題につながる。普通の文字を組み合わせた顔文字は TPO 次第。

④用件をはっきり，丁寧に

もちろん，ビジネスの場面ならではの，用件をきちんと，丁寧に書くことは，大前提である。

このあとどうする❓

いちど出してしまった失礼なメールは取り消せないが，きちんとした謝罪のメールを出すことで，いくらかは挽回できるものと信じたい。

ひとこと

メーリングリスト

普通のメールアドレスに見えるが，そこに送ると参加している全員にそのメールが配送される，というものがある。これをメーリングリストという。メーリングリストのメッセージに返信すると，それもメーリングリストで配送される。これにより，コミュニケーションの機能がつくられる。

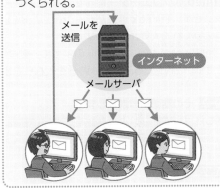

To:, Cc:, Bcc:

メールの制御情報（本文とは別に管理されている情報）は，いろいろある。Subject:（件名）もその1つだが，To:, Cc:, Bcc: もたいせつである。

To:（宛先）	メッセージの送り先。メールでは，To: にメールアドレスを複数指定して，何人にも同時にメッセージを送ることができる。
Cc: カーボンコピー	メインの宛先ではないけど，一応知っておいてね，という宛先を入れたいときに Cc: として入れる。機能は To: とほとんど同じだが，Cc: として表示される。
Bcc: ブラインドカーボンコピー	メッセージについて知っておいてほしいが，To:, Cc: の人たちには内緒にしたい，というときの宛先に使う。複数の Bcc: を指定したときは，それぞれもお互い知らせないようになる。

Toに並べる

> To：オサム，レナ，リョウスケ
> From：アヤ
> 明日の集合場所です。

リョウスケやレナにも送ったんだな。

どのメールアドレスに送られたか，送り先の全員に伝わる。

Bccを利用

> To：オサム
> Bcc：レナ，リョウスケ
> From：アヤ
> 明日の集合場所です。

了解！

自分以外には，誰に送られたか，わからない。

問題

電子メールのやりとりで，正しいものを①〜③のうちから選びなさい。（正解は p.24）

（　　）①返信においても，だれ宛ということはきちんと本文に書く。

（　　）②返信は最初のメッセージと異なり，フランクでよい。

（　　）③返信機能は不具合があるため，使わない。

 ヒント メールの宛先はわかりにくいので，重複する情報になっても，本文に書きたい。

こんなとき Q&A

YouTube に関する事例

Q1 動画投稿サイトは「つべ」だけじゃない
動画投稿サイトって，YouTube のことじゃないんですか。

A1
YouTube がメジャーなのは間違いないですが，ほかにいくつもあります。日本産の**ニコニコ動画**は，「踊ってみた」「弾いてみた」など「やってみた」系が多く，また，見る側が画面にコメントを残せる。**Vimeo** はクリエーター指向で，ハイレベルな作品が多いです。**TikTok** は，パターン化した短い動画を簡単につくれて人気があります。

Instagram や Facebook のように，動画がメインではない SNS でも，最近は動画を入れられます。

Q2 その動画，お借りします
誰も注目していないような，すごくいい動画があることがあります。それを借用させてもらってもいいでしょうか。

A2
もちろん，ダメです。動画は著作物であり，それぞれの作者が権利をもっています。本人がそれと意識していなくても，何も保護のためのアクションを取らなくても，著作物は生み出された瞬間から著作物で，保護されるのです。

Q3 パクリ？まねし？
アイデアだけ借用して自分で動画を撮るのはどうでしょうか。

A3
それは，著作権の点からは問題なくても，モラルの点からは問題があります。もとの動画の作者が見つけたら，きっと怒るでしょうね。「あなたのこの動画はとてもよい。使わせてほしい」「リメイクさせてほしい」などと申し入れて，了承を得たうえで使わせてもらうのなら，問題はないです。

Q4 もっと迫力を
迫力ある動画とは，どんなもので，どうすればつくれるのでしょうか。

A4
一般論としては，動きが大きく目立つ動画のほうが，迫力あると言われるでしょう。まず，そのような被写体を選ぶ必要がありますが，そのうえで「動く部分が画面いっぱいに広がっている」「動画のはじまりや終わりにある，何も起こっていない部分を減らす」などのこともたいせつです。これらのことは，動画の撮影時に注意してもいいですが，あとから編集ソフトで対応できる場合も多いのです。

Q5 動画をおもしろくするには
人気 YouTuber の動画はとってもおもしろいのに，私の動画は間延びしていてつまらなく感じられます。アイデアは負けていないと思うのですが。どうすればおもしろくできますか。

A5
アイデアがよくても，それをおもしろい動画にするのは簡単ではありません。アイデアをもとにして，まず**絵コンテ**（場面割り計画）をつくります。マンガのように，絵コンテの段階でおもしろい進行が必要です。さらに，間延びしないために，場面ごとの時間をきっちり計画します。それぞれの場面は，迫力ある絵になるようにし，それらを通してつなげます。たいへんだ，と思うでしょうが，よい動画には手間がかかっているものなのです。

Q6 もっと光を
「女優ライト」って，なんですか。

A6
女優にかぎらず，動画に写る人にたくさん光をあてて明るく写すような装置のことをさしています。動画の印象は明るさで大きく左右されるので，そのためのライトを用意しておくのは効果的かもしれませんよ。

検索サイトに関する事例

Q7 犀と猿人？
検索サイトというよびかたと，検索エンジンというよびかたがありますが，同じ意味なんですか。

A7
今は，そうですね。昔，Web サイトをさがす技術が発達していなかったころは，人手で有用そうなページのリストをつくる**ディレクトリ型**と，ページの中身を自動解析してリストをつくる**ロボット型**という2種類の**検索エンジン**がある，といわれていました。しかし，Web ページの数が多くなると，人手で整理するのでは立ちいかなくなり，自動解析の技術が発達したこともあってロボット型だけになりました。そのころから，検索サイトという言葉が広く一般に知られるようになりました。意味としては，検索エンジンと同じです。

Q8 ロボットを見てみたい
検索エンジンの中でロボットがはたらいているなんて，変じゃないですか？

A 8

　検索エンジンの中で，自動的に各ページの情報を集めている部分を比喩から「ロボット」と名づけたもので，実態はただのプログラムです。Webページは HTML で書かれていて Web サーバに入っていますから，ロボットのプログラムは Web サーバに接続して HTML を読みだします。その中身を調べると，どこにリンクしているかとか，どんな言葉が使われているかがわかります。言葉は，検索語として入力された単語との一致を見るのに使います。リンクの情報は，ほかのページを次つぎにさがして，ものすごい量の Web ページのデータベースをつくるのに使います。

Q 9 検索にはアルゴリズムがある

アルゴリズムってなんですか。プログラムに関係しそうですが，「検索」の「アルゴリズム」だと，なんのことかわかりません。

A 9

　アルゴリズムとは，「プログラムの本質部分」だと考えればよいでしょう。たとえば「与えられた数値の並びを大きい順に並べる」といった具合です。検索アルゴリズムの場合は，検索エンジンの中で，見つかったページをどういう順番で並べて見せるか決める，というのが中核になります。ところで，検索しにくる人が多くて人気が出ると，そこに出してくれる広告も増えて，検索サイトは儲かります。Google はもともと，創業者が「よいアルゴリズム」を見つけたことにはじまっています。これによる検索結果が，人びとが求めていた理想に近くわかりやすくて人気が出たことから，現在の Google の基本の形が生まれてきたのです。

Q 10 スニペットってなんかかわいい

スニペットという言葉をよく聞くのですが，なんですか。

A 10

　スニペット（snippet）というのは，もとは「断片」という意味の英語です。検索エンジンでページがたくさん見つかっても，そのページの中身を見てみないとほんとうに読みたいページかどうかわかりませんが，いちいち中身を見にいくのは面倒です。そこで，ページの「断片」を検索結果といっしょに表示してくれるようにして，本体を開かなくてもどんなページかわかるようにしたものがスニペットです。

Q 11 国語力がたいせつです

検索するのにも国語力が必要だ，といわれたのですが，どういう意味でしょうか。

A 11

　たとえば「電気自動車について調べよう」といわれたとき，そのまま「電気自動車について調べる」と入力して検索しても，よい結果は得られません。こういうときはまず，「電気自動車」というキーワードを取り出して検索します。それで見つかるものが広告ばかりなら，キーワードを「電気自動車とは」に変えて検索してみる，というふうに，国語的な表現の工夫を効かせることがたいせつなのです。

Q 12 キーワードをうまく設定しよう

キーワードの集まりで検索しよう，といわれたのですが，なんのことでしょうか。

A 12

　「電気自動車」のように，調べたいものをあらわす語がキーワードです。キーワードが2個とか3個とかあるほうが，検索結果が絞り込めるので，都合がよいでしょう。たとえば，「電気自動車　モータ」とか「電気自動車　モータ　馬力」のように，キーワードを集めて検索します。このようにキーワードを思いついていけるよう，ふだんから練習するとよいですよ。

信頼できるサイトに関する事例

Q 13 掲示板ってどんな板？

掲示板ってよく聞きますが，なんのことですか。

A 13

　訪れた人が自由にメッセージを書き込んで残せる Web ページのことで，BBS などとよぶこともあります。もとは，駅など人の集まる所に黒板を置いて伝言を残せるようにしたものが掲示板でしたが，そちらは携帯電話の普及とともに見かけなくなりました。Web の掲示板は，訪れる人どうしがコミュニケーションできるので便利ですが，誰が書き込んでいるかわからないことが多く，そのため正しくない情報が書かれていたり，マナーにはずれた書き込みがされていたりする問題もありました。

Q 14 ドメイン名は，ドメインなもの

ドメイン名って，なんですか。Web サイトの名前みたいなものですか。

A 14

　「kantei.go.jp」「example.com」のようにいくつかの名前を「．」でつなげたもので，インターネット上の DNS で検索できる「長い名前」のことをドメイン名といいます。もっとも多く使われるのは，ホスト名つまりインターネットにつながっているマシンの名前です。　Web サイトの名前は，ほんとうは URL であらわしますが，http://kantei.go.jp/ のようにホスト名以外の情報がよくある値ばかりの場合，kantei.go.jp のようにドメイン名だけであらわすことも多いです。

Q 15 URL でなにを得る

それでは，URL ってなんですか。

A 15

URL は，「あちこちにあるものを，同じ書き方でさ
し示す」書き方で，Web が生まれたときにいっしょ
にできました。ほんとうは，とてもいろいろなものが
含まれているのですが，Web ページをさす場合が圧
倒的に多いので，ここではそれだけを説明します。

```
 スキーム      ホスト名        ディレクトリ名
http://kantei.go.jp/
https://example.com/aaa/bbb/ccc.html
 スキーム      ホスト名      ディレクトリ名  ファイル名
```

スキームは，**HTTP プロトコル**を意味する http://
か，それに暗号を加えてより安全にした https:// の
どちらかです。ホスト名は，Web サーバを動かして
いるマシンをあらわします。ディレクトリ名，ファイ
ル名は，そのサーバのどのファイルかをあらわしま
す。「/」で終わる場合はディレクトリですが，表示さ
れる内容はファイルの一種という感じです。kantei.
go.jp の例では，なにも指定されていないように思え
ますが，いちばんお
おもとのディレクト
リ（「/」）が指定され
ていて，その内容が
表示されます。

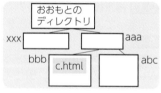

Q 16 調べ学習に役立つサイトは

調べ学習に安心して使うことができるサイトはどこで
しょう。

A 16

まず国際機関のサイト，次に国や地方公共団体など
のサイトは信用できそうですが，その機関や国などに
不利な情報については書かれていないことが多いです。
次が企業のサイトですが，これは企業にとってプラス
になるなら，ということになります。宣伝やプレスリ
リースですね。続いて，一般の人で詳しい人がつくっ
ているサイトがきますが，その人がどんな人か（どこ
まで詳しいか，どこまで正直か，など）を見きわめる
必要があります。

Q 17 Wikipedia は信用してもよいものか

友人は，「Wikipedia は誰でも書けるものだから，信
用するな」と言っています。

A 17

たしかに Wikipedia は「誰でも書けるもの」ですが，
間違いがある記事や根拠のない記事を書くと，すぐ厳
しいチェックが入って削除されます。ですから，ずっ
と残っているページについては，少なくとも参照文献

などがきちんと示されていれば，最低限の水準には到
達しているかと考えられます。自分でその正しさにつ
いて判断する必要があるのは当然ですが。

Q 18 世の中ネットがすべてではない

インターネット以外のものも調べるほうがよい，とい
うアドバイスをもらいました。

A 18

当然です。新聞やテレビは，プロの報道記者が取材
して記事を書いていますし，古くからある事がらなら，
それについての書籍がいちばん詳しいかもしれません。
ただし，インターネット上でいろいろな情報源の正し
さを評価するのと同じように，インターネット以外の
情報源も正しさを評価して採用してください。

フェイクニュースに関する事例

Q 19 フェイクニュースが増えたわけ

なぜ最近，「フェイクニュース」と言われることが増
えたのでしょうか。

A 19

もともとは，「ニュース」を発信できるのは新聞・
テレビなど「メディア」の人だけであり，これらの人
は自分たちの報道内容に責任をもつことが多かったわ
けです。社会的にもそう求められていたし，組織とし
てもチェックがおこなわれてきました。しかし，イン
ターネットの発達により，一般の人でも望めば「ニュー
ス」を発信できるようになりました。そのため，これ
までのようなチェックを経ていない記事が出回ります。
とくに SNS などは，自分の意見を仲間うちに向かっ
てしゃべるような場なので，いっそう主観的なもので
も流通するようになりました。

Q 20 フェイクを見破るには

フェイクニュースをそれと見破り，引っかからないよ
うにするにはどうしたらいいですか。

A 20

まず，そのニュースに関連した意見を十分に広い範
囲から集めます。インターネットだけでなく，新聞や
本など別のメディアでもさがしましょう。逆に，特定
の記事をもちあげているような増幅記事は除きます。
また，論調も，ただこれが正しい，というものでなく，
複数の説を公平に扱っている記事を重視します。この
ようにしていけば，フェイクニュースは支持する材料
が乏しく，自然にそれとわかるでしょう。

Q 21 待て，慌てるな，フェイクニュースの罠だ

落ち着いて調べれば見破れそうなのに，なぜフェイク
ニュースを信用してしまう人が多くいるのでしょう。

A 21

もともと人間は，信じたいことを信じるという特性があります。自分が信じたい説Aとそれに反対する説Bに遭遇したとき，Aは正しそうに思えるわけです。Bがほんとうは正しくても，Aを信じたい人にとっては，Bを支持するさまざまな議論は，みんな「うそっぱち」や「陰謀」に思えてしまうことでしょう。

Q22 それは誰から聞いた話？
一次情報と二次情報って，どういう意味ですか。

A22
一次情報とは，そのニュースなりの出来事に直接遭遇した人やその人から直接話を聞いた人による情報のことを言います。それに対し，二次情報とは，そのような人によらない，つまり「また聞き」による情報をいいます。一般に，一次情報のほうが固有の情報であり信頼度が高いとされますが，一次情報を獲得するのには手間やコストがかかります。これに対し，二次情報は手間やコストがかからず，多くの情報を同時に集められます。一方で固有の情報でない点，信頼度が劣る点があるので，これらに注意して扱うべきです。

電子メールに関する事例

Q23 メールの送り先
メールアドレスって，むずかしい形をしていますね。

A23
基本的にはつぎの図のように，@が1つだけあり，@の前には簡単な名前がきて，@の後にメールサーバのドメイン名がきます。メールサーバによっては，ローカル部に「.」をいれたり複雑になることもあります。

```
foo@example.com
ローカル部　メールサーバのドメイン名
```

私たちが目にする形式としては，<>でメールアドレスを囲んだり（<>の外側は人間が読む），()の中に人間が読む説明があったりしますが，これらはなくしてもかまいません。

```
Mr.Foo <foo@example.com>    ┐どちらも
foo@example.com (Mr.Foo)    ┘foo@example.com
                             に届く
```

Q24 ファイルを添付して送ります
添付ファイルって，なんですか。

A24
MIMEとよばれる，メールの拡張機能のことです。
Multipurpose Internet Mail Extension
もともとメールで送ることができるのは文字だけでしたが，それでは不便なので「このような種類のものを入れます」という情報に続いて，中身を指定した形式で掲載することで，さまざまな種類のデータをいくつもまとめて送れるようにしたものです。実際のメールで使うときはわかりやすさのため，メールの本文のあ

とに何個かファイルが添付されているという形でメールソフトが扱うので，添付ファイルとよぶのです。

Q25 このメールを読むと不幸になるぞ…
チェーンメールって，なんですか。

A25
いわゆる「不幸の手紙」で，たとえば「このメールを受け取った人は，3日以内に，このメールのコピーを，5人の知り合いに送ってください。そうしないと，不幸に見まわれます」のような指示がついていて，メールの増殖を目ざしています。もちろん，そんなものに手を貸してはいけません。黙って捨てましょう。

Q26 迷惑な宣伝のメール
スパムメールというのもあるそうですが，なんですか。

A26
受信者の意向を無視して大量にばらまかれるメールで，中身は，出会い系やマルチ商法への勧誘，あやしげな商品の宣伝など，さまざまです。

Q27 顔文字
上の世代の人だと，やたらに顔文字を使いたがるようですが，そういうものなんでしょうか。

A27
そうですね。メール本文には，絵やスタンプが入れられませんし，昔は絵文字もなかったので，字で顔をあらわす顔文字がよく使われました。はじめはアメリカ発祥の横向きのものでしたが，その後，日本で独自の縦向きのものや，文字や記号で絵を描くアスキーアートに近いものがあらわれました。文章だけだとニュアンスが伝わらないので顔文字が必要，という説明がなされたこともありますが，別に文字だけでも不便はないようですね。

```
:-)    ;-P  :-(      (^_^) (^o^;     orz
横向きの顔文字の例    縦向きの顔文字の例    その他
```

Q28 駄衛門さんって，だれ？
MAILER-DAEMONという見知らぬ人からメールが送られてくるのですが，無視してもよいですよね。

A28
あなたが出したメールの宛先が見つからないと，メールサーバーが自動的にMAILER-DAEMONという名前で宛先が「見つからない」というメールを送ってきます。ですから，無視するのではなく，そのメールをよく見て，だれ宛のメールが「見つからない」なのか調べて下さい。大体は宛先をミスタイプしたためだと思います。

パスワード

よいパスワードのつくり方，2段階認証

オサムとレナがパスワードの話題で盛り上がっているところに，リョウスケが割って入り，得意げにアドバイスをしますが…

解説

❶**パスワード** パスワードとは，端末(スマートフォンやパーソナルコンピュータ)や Web サービスの利用において，それを利用する権限をもっているかを確認するためのもの。通常，英数字などの組み合わせでつくられる。自宅の電話番号や自分の誕生日などをパスワードに用いることは，たいへん危険である。

❷**2段階認証** ID やパスワード設定(再設定)時に必要な，本人確認のための複数の種類の要素(証拠)をユーザに要求する方式。多要素認証ともいう(→ p.52)。

❸**パスワードを統一** リョウスケのように Web

サービスの ID やパスワードを統一している人は少なくない。ID は必ずしも秘密にすべきものではないため，メールアドレスなどが使われるケースも多いが，パスワードについては使い回したり統一するのは，情報セキュリティ上，避けるべきである。

❹**最悪の方法** 有名な Web サービスから ID やパスワードなどの個人情報が流出したというニュースが報道されることも少なくない。ID やパスワードを統一していると，万一それらの情報が流出した場合の被害が広範囲の Web サービスに広がる恐れがある。

ワンポイント アドバイス パスワードは，変更不可能なものではない。Windows システムでユーザ管理がされている場合は，ログオンした画面で Ctrl キーと Alt キーと Del キーとを同時に押すと，パスワードの変更のメニューを呼び出すことができる。

ここに注意 !

●パスワードは，どんなふうにつくればよいだろうか

パスワードは，次のような事がらを頭に置いて作成しよう。

×こういうパスワードはよくない

(1) 自分の誕生日，自宅の電話番号などは使わない…個人が特定できればすぐに想像がつくような事がらは，簡単にばれてしまう。

(2) 長すぎるもの，むずかしすぎるものはダメ…自分がつくったパスワードがなかなか覚えられないと，メモを見ながら入力したり，入力に手間がかかってミスをすることにつながる。

(3) 短すぎる，同じ文字や数字の繰り返しはダメ…入力するのを横から見られると，すぐに覚えられてしまう。8 〜 10 文字くらいが適当だろう。

⇩

○パスワードはこのようにつくってみよう

「自分にとっては意味があるが，ほかの人には類推されないもの」を元に，パスワードとして加工してみよう。たとえば，あなたのペットの名前の 2 文字目だけを大文字にし，あいだに家族の誕生日の数字などをはさむと，破られにくいパスワードになるだろう。

このあとどうする ?

リョウスケは，飼っている犬の名前「ポチ(pOchi)」と自分の弟の誕生日（11 月 16 日）を組み合わせたものを基本パスワードにし，Web サービスごとに最初の 2 文字を大文字にしてはさむことをマイルールにした。これなら，リョウスケ以外の人には，なかなか想像がつかないし，忘れることも少ないだろう。

pOchi + 11 月 16 日生まれ　→　pO1116chi

⇩

Yahoo！Japan　→　Y pO1116chi A

考えてみよう ▶

実際に自分が Web サービスに使うパスワードのマイルールについて考えてみよう。

ひとこと

合い言葉

パスワード(password) は，英語で「合い言葉」という意味である。世界でもっとも有名なパスワードのひとつに，アラビアンナイトに出てくる「Open Sesame（ひらけごま）」がある。

ID(アカウント)の不正利用は犯罪

学校などで使うコンピュータは，ネットワークで結ばれ，多くの人が利用する。複数の人が 1 つの機械を使っていても，勝手に他人のデータにアクセスしたり，書きかえたりできないように，ID とパスワードによるログイン（→前見返し）とよばれる認証が必要になる。

●友人がパスワードに自分の誕生日を使っていることがわかったから，その友人の ID でネットワークに入ってみた。

●自分の ID がまだもらえていないので，すでにもらっている友人に頼んで，使わせてもらった。

これらは，軽いいたずらに感じたり，実害を与えない行為に見えるかもしれないが，「不正アクセス禁止法」という法律に違反した犯罪行為であり，決して許されるものではない。

記号も使うとさらにわかりにくくなるよ。

システムやWeb サービスによって，使える記号に制限があることに注意。

問題

次の①〜④の説明のうち，パスワードの設定としてふさわしいものに○をつけなさい。（正解は p.36）

（　）①覚えやすいように，自分の家の電話番号をパスワードにした。

（　）②テンキーを使うと入力が簡単なので，「1212」としておいた。

（　）③彼女といつも利用するお店の名前にして，2 人とも同じパスワードを使うことにした。

（　）④英語の辞書を適当に開いて出た「companion」にした。念のために，まんなかの「a」を大文字にし，記載されていた辞書のページを先頭に加えた。

 ヒント　パスワードは，自分だけが知っている情報を元に作成することがたいせつである。

レナは，スマートフォンの通信量を節約するために，Wi-Fi（ワイファイ）接続をできるだけ利用するようにしていました。もちろん，自宅には光回線が通じていて，Wi-Fiルータもあります。

第3章 情報セキュリティの基本

（コマ1）
Free Wi-Fi❶でネットショッピングは危険だよ。マルウェア❷も心配だし。
そうなの？
じゃあ，Wi-Fi❸は切っとこ。

（コマ2）
今日はお休みだから，動画配信サービス❹で映画三昧ね。
おうちのWi-Fiでつなぐからギガの心配もないし♪

（コマ3）
あれ！？急に動画が止まっちゃった！
その日の夜

（コマ4）
Wi-Fiオフの状態で，1日中，動画を見ちゃった！ギガを使い切って❺低速になってる。
昨日，Wi-Fiを切ったままだったんだ…
＜設定　Wi-Fi
Wi-Fi
今月，まだ5日もあるのに！

 ## 解 説

❶ **Free Wi-Fi**　駅やお店などで，誰でも利用できるように無料で提供されているWi-Fi接続サービスのことで，公衆無線LANなどともよばれる。暗号化されていないWi-Fiスポットでは，通信が盗聴，のぞき見される可能性がある。

❷ **マルウェア**　ユーザのデバイスに不利益をもたらす意図をもって作成されたソフトウェア。さまざまな手口でデバイスに入り込む（→ p.50, 52）。

❸ **Wi-Fi**　Wi-Fi Allianceによって認証された機器間の無線による相互接続を保証する統一ブランド。このロゴが表記されている機器の間では，簡単な手順で無線通信がおこなえる。自宅にWi-Fiアクセスポイントを設置すると，モバイル通信の契約データ量を気にせずにインターネットサービスが利用できる。

❹ **動画配信サービス**　映画やテレビ番組のオンライン配信を提供するサービスで，定額料金を支払い利用する形式のものが多い。代表例としては，Netflix，Hulu，Amazon Prime Video，AppleTV＋，U-NEXT，Paraviなどがある。

❺ **ギガを使い切って**　モバイル通信の1箇月のデータ量には，契約による上限が定められており，その上限をこえると通信速度が低速に切り替わるしくみになっている。

ワンポイントアドバイス　Wi-Fiのセキュリティ対策としては，「暗号化」の他に，アクセスポイントのSSIDを見えなくする「ステルス化」や，登録された機器とのやりとりしか許可しない「アクセス制御」という方法もあり，これらを併用することで安全性が飛躍的に高まる。

ここに注意！

●Wi-Fi のオン・オフをチェックしよう

　セキュリティ対策として Wi-Fi のオン・オフを意識的に利用するのはよいことである。

　しかし，レナのように，自宅の Wi-Fi を利用しているつもりでも実はモバイル通信を利用していたというケースは意外に多い。一般的に，スマートフォンやタブレットなどでは画面上部に現在利用している通信が何かをあらわすアイコン（ピクトグラム）が表示されているので，利用時に確認するよう習慣づけたい。

このあとどうする？

　使い切ったものは，もうどうしようもない。翌月までがまんして，今後の使い方に注意するようにしよう。この状態であっても，自宅などの安全な Wi-Fi に接続してスマートフォンを使うことはできる。

　どうしても自宅外で使う必要がある場合は，追加料金を支払って，使用できるデータ量を増量する。

考えてみよう

自分がひと月におおよそどの程度のデータ通信をしているのかについて考えてみよう。

> 今度からは，通信状態をちゃんと確認しなくっちゃ！

▲Wi-Fiにつながっていない　　▲Wi-Fiにつながっている

公衆無線 LAN の利用

　スマートフォンやタブレットなどの携帯端末の普及にともなって，街なかのファストフード店やコンビニエンスストア，駅や空港などで無料の Wi-Fi が気軽に利用できる場所が増えている。これらは，公衆無線 LAN などとよばれている。各店舗や公共機関がサービスの一環として設置するケースもあれば，携帯電話回線の通信量の増加による速度低下を防ぎたい通信キャリア各社などが積極的に整備しているケースもあり，データ通信量を抑えたいユーザに，歓迎されている。

　しかし，無料の公衆無線 LAN の中には，暗号化（Wi-Fi での通信内容を盗み見されないこと）がされていない場所も多く，利用に際しては細心の注意が必要だ。また，悪意をもった人が，他人の ID やパスワードを盗む目的で，自分のモバイル Wi-Fi ルータなどを，街なかの公衆無線 LAN を装って設置しているような例もあるので，とくに注意しよう。

アクセスポイントの暗号化

　Wi-Fi の電波は，条件によっては数 10 m 以上離れた位置でも送受信が可能なため，暗号化していないと知らない間に第三者に利用され，ネット犯罪の踏み台にされかねない。

　販売されているほぼすべてのアクセスポイントは暗号化の機能をもってはいるが，ほとんどの場合，初期設定は『無効（暗号化なし）』となっている。ユーザのもっているさまざまな機器と接続するためには，最初から暗号化するわけにはいかないからである。付属の取り扱い説明書では，ユーザ自身による暗号化を強く薦めているはずだが，意識や知識がなければ読み飛ばしてしまいがちである。無線 LAN を導入する場合は，めんどくさがらずに必ず『暗号化』しよう。

問題

次の①～④の説明のうち，正しいものに○をつけなさい。（正解は p.36）

（　　　）①無線 LAN は暗号化さえすればセキュリティは万全だ。

（　　　）②自宅によく来る親しい友人などには無線 LAN の暗号化に用いる文字列を教えてもよい。

（　　　）③暗号化に用いる文字列は自宅の電話番号など他人が類推できるものは避けるべきだ。

（　　　）④アクセスポイントの管理は設置者の責任なので，暗号化されていないところを見つけて勝手に利用してもかまわない。

 ヒント　暗号化されていない無線 LAN のアクセスポイントは，なんのために設置されているのだろうか。

スマートフォン

利用のマナー，フィルタリング，GPS，依存症

高校3年生になり，ついに自分でスマートフォンを契約して手に入れたリョウスケ。たいせつなスマホに記録された情報を守るためにリョウスケがとった行動は…

1 ついに自分でスマホを契約❶して最新機種を手に入れたよ。 やったー！ 18歳になりました！

2 顔の認証❷で，画面ロック❸が解除できるようにしよう！ なかを見られないように

3 風邪気味でマスクをしたら，画面ロックが解除できない。面倒だから，ロックを解除したままにしておこう。 あれ？ けほけほ

4 数日後… 画面ロックを解除したままのスマホを落としちゃったよー。 スマホにはたいせつな情報❹がいっぱいなのにー。 トホホ…

 解説

❶スマホを契約 スマートフォンを購入するときには，本体機器の購入にくわえ，携帯電話会社と利用契約を結ぶ必要がある。未成年者の場合は，保護者などの同意が必要となる。また，利用料の支払いのため，クレジットカード番号や金融機関の口座番号がわかるものに加え，金融機関の届け印も必要になる。

❷顔の認証 持ち主以外の人が自由にスマートフォンを操作できないようにするしくみに，個人認証がある。個人認証の方法には，パスワードの入力，指紋や顔，虹彩などの体の一部で本人を確認するシステムなどが普及している。

❸画面ロック 他人に悪用されないように，操作画面が表示されないようにする機能。

❹たいせつな情報 スマートフォンには，電話番号やメールアドレス，写真などに加え，金融機関の口座へのアクセス情報や代金の電子決済機能をもつアプリなど，生活に直結する情報や機能が含まれている。そのため，紛失したり，停電や水没などによって利用できなくなると，生活に大きな支障をきたす場合もある。生活の多くの部分をスマートフォンに頼る生活は，それだけ危険性も増すと考えられる。たいせつな情報や生活をささえる機能は，分散して管理することも必要になる。

第3章 情報セキュリティの基本

ワンポイントアドバイス 顔認証では，本人の顔写真でも認証されてしまう危険性がある。

ここに注意❗

●フィルタリング

おもなフィルタリングの方式として，健全で有益と思われるWebサイトのリストをつくり，そのサイトしか見せないようにする**ホワイトリスト方式**と，有害なWebサイトのリストをつくり，それらを表示させないようにする**ブラックリスト方式**がある。

●GPSによる位置情報

GPS（全地球測位システム）は，人工衛星から発信される電波を利用して，自分の位置を正確に測定できるシステムで，スマートフォンにもGPSによって自分の位置を測定できる機能が備わっている。GPS機能をオンにし，位置情報を地図アプリと連動させることで，目的地までのルート検索などをおこなうことができる。また，携帯電話会社では自社のユーザの端末の位置情報を集計し，人流の状況をデータとして提供している。一方，GPSと連動した位置情報をもとに自分の居場所を特定されたり，SNSなどで無意識に公開してしまう可能性もあるので，注意も必要だ。(→p.7)

●依存症

SNSやオンラインゲーム，動画の視聴，端末の高機能化や通信料金の引き下げなどもあり，長時間の利用をする人が多くなっている。なかには依存症ともよべるほど長時間に渡って利用する人もいる。その結果，朝起きられない，疲れが取れない，自宅に閉じこもってしまうなど，テクノストレスともよべる健康被害におちいる人もいる。

このあとどうする❓

スマートフォンを紛失したら，警察に紛失を届け出るとともに，不正な使用をさけるために携帯電話会社に利用の停止を申請する。

▶考えてみよう

高校生であっても18歳になれば成年なので，クレジットカードなどの契約も自由に結んでよいだろうか。

法律では？

民法の一部改正

2018年，民法の定める成年年齢を18歳に引き下げることなどを内容とする「民法の一部を改正する法律」が成立した。これにより，18歳であれば成年に達し，親の同意を得なくても，スマートフォンを契約する，ひとり暮らしの部屋を借りる，クレジットカードをつくる，高額な商品を購入したときにローンを組むといった契約をおこなうことができる。しかし，契約は支払いをともなうので，自分の支払い能力を考えて契約を結ぶことがたいせつになる。

スマートフォンのマナー

まわりの人に配慮し，迷惑をかけないよう，ルールやマナーを守って活用しよう。

電源をオフにしよう

授業中や試験中
校則の違反や，カンニングになる。
航空機の機内，病院
まわりの計器や機器などに悪影響およぼすことがある。

マナーモードにしよう

映画館や美術館
列車やバスの中
音や画面の光が，周囲の人にとって邪魔になる。

歩きスマホは禁止

歩きながら
まわりが見えず，危険である。
自転車や自動車の運転中
法律に違反する行為になる。

問題

次のスマートフォンの利用に関する記述のうち，望ましい行動に○をつけなさい。（正解はp.36）

( ) ①スマートフォンのカメラで自分の部屋を撮影するとき，GPS機能がオンになっていても問題ない。
( ) ②18歳は自分で契約できるので，高校生であってもスマートフォンの買い替え契約を自由にしてよい。
( ) ③歩道は公共の場なので，いつでも自由に歩きながらスマートフォンを使用できる。
( ) ④自転車に乗っているとき，歩行者や自転車との接触をさけるためにもスマートフォンを利用しない。

 ヒント スマートフォンの契約後には料金の支払いが生じる。自分の収入状況を考えて契約する必要がある。

⑬ 身のまわりの危険

フィッシング，架空請求，ワンクリック詐欺

スマホを購入して，友人と LINE でのメッセージ交換や SNS への投稿，動画投稿サイトの視聴を楽しんでいるリョウスケ。ある日，見知らぬショートメッセージが…

 解説

❶ショートメッセージ スマートフォンの電話番号あてに送ることができる，短いメッセージ（70文字以内であることが多い）。電話番号がわかればだれにでもメッセージを送れるため，送信者がだれか，気をつける必要もある。

❷クレジット番号などのお客様情報 インターネット上での代金支払いには，クレジットカードの番号やパスワードの入力を求められる。しかし，クレジット会社や金融機関が，商品やサービスの購入手続き以外に，本人確認などとしてメールやショートメッセージでそれらの情報の入力を求めることはないので，絶対に入力してはいけない。

❸詐欺の被害 インターネット上の代金決済では，さまざまな詐欺行為が見られる。**フィッシング**は，クレジット会社やショッピングサイトを装って送信したメールに偽の Web サイトへのリンクを貼り付け，偽装したページや罠のポップアップウィンドウに誘い込んでクレジットカード番号やパスワードを入手する手口をさす。**ファーミング**は，コンピュータ内部にあるドメイン名と IP アドレスの対応表を書き換えることで，正しい URL を入力しても偽の Web サイトへ誘導し，情報をだましとる手口である。

ワンポイント アドバイス 電子メールはその利便性や即時性から，多くの職場や大学などで利用されている。しかし，その特性を悪用した架空請求や，迷惑メールとよばれる問題もある。それらのメールの危険から自分自身を守る能力をもつことも，たいせつである。

ここに注意

●フィッシングの手口

フィッシングでは,「クレジットカードの有効期限が迫っています。期限が過ぎると使用できなくなるため,早急に更新する必要があります」など,利用者の不安をあおるような文面をメールで送りつけ,クレジットカード番号や暗証番号の入力を求めてくる。

対策 金融機関やクレジット会社がメールで,口座の更新手続きや,クレジットカードの番号,パスワードの入力を求めることはないので,無視するとよい。

●架空請求の手口

弁護士事務所や裁判所の名前を使って,最後通告,訴訟に持ち込む,職場や学校に請求にいくなど,請求書を受け取った人が恐怖にかられ,正当な請求であると思い込むような文面の請求を送り付けてくる。

対策 利用した覚えのない請求には応じる必要はない。また,請求書のあて先に,個人名がなく利用者番号だけのような場合は,明らかに架空請求といえる。また,「相談はこちら」,「解約手続きはこちらから」など,親切を装って電話番号や住所などを聞き出す手口も見られるので気をつけよう。もし,脅迫電話などがかかってきたら,迷わず警察に相談しよう。

このあとどうする？

フィッシングにあったかもしれないと思ったときは,そのままにせず,早急に対応策をとる。対応が遅れるほど被害が大きくなる可能性があるからだ。

①クレジットカードの番号やパスワードを入力してしまったら,クレジット会社に連絡し,カード利用の中止を申し出る。

②身に覚えがない請求書が送付されてきた場合は,警察に被害届を出すなどの対策をとるとよい。

都道府県警察のサイバー犯罪相談窓口一覧
https:// www.npa.go.jp/cyber/soudan.htm

ひとこと

ワンクリックでは成立しない

クリックした瞬間「入会ありがとうございます。入会金は3万円です。」と表示されるとあわててしまい,そこに書かれている「解約はこちらから」から,名前や住所などを入力してしまいがちである。これは罠である。冷静に無視しよう。

法律では？

電子消費者契約法*

この法律の第3条により,契約の申し込みを確認する画面がないなどの場合は,その契約は成立していないことになる。したがって,画像やアイコンを一度クリックし,「契約ありがとうございます」「料金が発生しました」などのメッセージが表示されても契約そのものが成立していないので,無視するとよい。しかし,そのようなしくみのあるサイトを見に行かないこともたいせつだ。

*電子消費者契約及び電子承諾通知に関する民法の特例に関する法律

考えてみよう

知らない電話番号の送信者から,【至急確認ください。とても大切なお知らせです】というショートメッセージが送られてきたとき,どう対応をすればよいだろうか。

《架空請求は,このようにやってくる》

罠のサイトを作成。

無料のゲームがたくさんあるよ。

ダウンロードには,登録が必要。
(メールアドレスを入力)

実際に使われているメールアドレスを収集。

架空請求のメールを送る。
(→ p.39)

問題

次の①～③の説明のうち、正しいものに○をつけなさい。。（正解は p.36）

( )①クレジットカードの利用期限が迫っています。利用を継続するためには,こちらから,クレジットカード番号と暗証番号を入力してください,というメッセージが届いたので入力して送信した。

( )②インターネット上では,何事も迅速におこなわれるので,一度クリックしたら契約も成立している。

( )③金額が少ないとしても,身に覚えのない請求を支払ってはいけない。

 ヒント 電子消費者契約法によると,一度クリックしただけでは契約が成立することはないとされている。

パスワードに関する事例

Q1 推測されやすいパスワード

パスワードを忘れないように，自分の誕生日からつくりました。「20100714」です。問題ないですか。

A1

それでは，他人が容易に推測できるため危険です。

Q2 推測されにくいパスワード

他人からわかりにくいように，うちの愛犬の誕生日にしました。「20200924」です。問題ないですか。

A2

Q1よりは他人が推測しにくいとは思いますが，なにかのはずみでわかってしまうことも考えられます。誕生日を使うとしても，単一のものだけでなく，2つ以上のものを組み合わせて使うと，より推測されにくいものになります。

また，数字だけでなく，アルファベットの大文字・小文字や記号を組み合わせてつくってみましょう。たとえば，ペットの名前と誕生日とを組み合わせて「2020PoChi0924」のようにすれば，他人からは推測されにくく，自分には覚えやすいパスワードになるでしょう。

Q3 パスワードを忘れてしまった

夏休みが終わって，ひさしぶりにコンピュータ教室のコンピュータを使おうと思ったのですが，ネットワークに入るパスワードを忘れてしまっていて，使えません。どうすればよいでしょうか。

A3

使われているOS(オペレーティングシステム)の種類によって具体的なやり方は異なりますが，どんなシステムであっても，システム管理者であればパスワードを閲覧したり，リセットしたりできます。授業を担当している先生がその権限をおもちであることが多いので，あれこれと悩む前に先生に正直に打ち明ける方がよいでしょう。パスワードを再設定していただけるはずです。ただ，そのときに，ちょっと叱られることは覚悟しておかねばなりませんね(担当の先生が寛大な方であることを祈っています)。また，次に設定するパスワードは，推測されにくく自分にとって覚えやすいものを考えましょう。

Q4 Webサービスのパスワード

SNSやネットショッピング，フリマサイトなどインターネット上のさまざまなWebサービスの利用をはじめるときには，IDとパスワードの設定が求められます。最初のうちは，それぞれに別々なものを登録していたのですが，どんどん増えてきて，どれがどの

Webサービスのものだったかわからなくなってきました。全部のWebサービスに同じものを使うようにしたいのですが，どうでしょうか？

A4

個人認証のためにユーザIDとパスワードを登録し，利用時に入力を求めるWebサービスが増えています。ユーザIDはメールアドレス等の使用を推奨しているWebサービスもありますので共用してもかまいませんが，パスワードはWebサービスごとに変えるべきです。忘れるのが不安な場合は，手帳や付箋などへメモすることはさけ，携帯端末等のメモ帳アプリなどに記録しておきましょう。また，メモ帳のファイルには，必ずパスワードを設定して万一にも他人から見られないようにしましょう。

Q5 パスワードの入力が面倒だ

ブラウザに，パスワードを記憶させる機能があります。これを使ってもよいでしょうか。

A5

たしかに便利な機能なので，自分だけが使う端末の場合には，利用してもよいかもしれません。ただし，万一の紛失等に備えて，端末のパスワード機能や生体認証機能を有効にしておいてください。しかし，学校のコンピュータ教室など，複数の人が利用するコンピュータでこの機能を使うことは，たいへん危険ですので，面倒でも利用開始時にIDとパスワードを自分で入力するようにしましょう。

Q6 パスワードを借りる

たまたま友人のIDとパスワードを知ったので，それを使ってこっそりとオンラインゲームに参加してみようと思います。なにか問題があるでしょうか。

A6

大いに問題があります。他人のIDとパスワードを使用してコンピュータネットワークにアクセスすることは，不正アクセス禁止法(第3条)に違反する犯罪行為にあたります。また，他人のIDとパスワードをそのほかの人に教えることは，不正アクセスを助長する行為であり，不正アクセス禁止法(第4条)に違反します。IDとパスワードはコンピュータネットワークへアクセスするとき，利用者を特定するための非常に重要な情報です。したがって，その取り扱いは慎重になされなければなりません。コンピュータ教室のコンピュータのように，多くの人と共有して使うコンピュータのディスプレイに，自分の使うIDとパスワードを書いて貼っておくことは，自ら「どうぞ，不正アクセスしてください」と宣伝しているようなものです。

Q7 実はここにもパスワード

Webサービスやコンピュータ以外に，私たちの日常でパスワードを使っているものはあるでしょうか。

A7

　銀行のATMの暗証番号や，数字を組み合わせて使う自転車などに利用されている鍵も，パスワードの一種だといえます。

　また，スマートフォンなどの携帯端末も，パスワードや生体認証を設定することができるようになっています。携帯端末には，さまざまな重要な情報が詰まっていますので，他人に悪用されるのを防ぐために必ず設定するようにしましょう。

Wi-Fiに関する事例

Q8 必ず暗号化しよう

無線LANの暗号化には，どんなものがありますか。

A8

　無線LANでは，1997年に登場した認証方式であるWEPが使われてきました。これは，鍵となる文字列を，アクセスポイントと通信するパーソナルコンピュータそれぞれに指定（秘密鍵暗号方式）することにより，無線通信が暗号化されて第三者による傍受を防ぐしくみでしたが，暗号キーが固定である点などが，悪意をもった第三者に解読される脆弱性（弱点があること）が問題視されました。そこで，2002年に新たな規格としてWPAが定められました。WPAでは，従来の方法に加えて，「ユーザ認証機能」，「一定時間ごとに自動的に更新される暗号鍵」を採用するなどの改善を加えました。さらに，2004年に定められた「WPA2」では，データを順番に暗号化していく「ストリーム暗号」ではなく，データをブロック化してその順番を管理する「カウンター」とともに暗号化する「ブロック暗号」を用いてセキュリティ性を高めてあり，実質的な標準として普及しています。さらに，2018年には過去の暗号化方式との互換性を維持しながらセキュリティを高めた「WPA3」も登場しました。

Q9 SSIDってなんですか？

友人が，「Wi-Fiのセキュリティをより高めるためには，暗号化するだけでなくSSIDを見えなくすればよい」と教えてくれたのですが，意味が理解できませんでした。

A9

　SSIDとは，Service Set IDの略称でIEEE802.11シリーズの無線LANにおけるアクセスポイントの識別子(ID)です。Wi-Fi接続のグループ分けと認証に使用される文字列で，最大32文字までの英数字で自由に設定できます。通常は，アクセスポイントとクライアント（利用者側）のSSIDを一致させないと接続で

きません。ところで，Wi-Fi機器の初期状態では，アクセスポイントから一定間隔で「私のSSIDは＊＊＊＊です」という情報が発信されるようになっています。このしくみをSSIDのブロードキャストとよび，これによってクライアントは，アクセスポイントの存在を認識できます。ホテルや喫茶店などにあるWi-Fiスポットなどで，アクセスポイントをさがすときに便利な機能です。しかし，家庭や職場などで使う場合は，いつも同じコンピュータを接続していますし，SSIDは自分で自由に設定できるので覚えておけばよいわけですから，この機能は必要ないでしょう。むしろ，SSIDのブロードキャストを停止，すなわちSSIDを見えなくしておくこと（ステルス化）で，第三者にアクセスポイントの存在を知られることがなくなりますので，暗号化と組みあわせれば，Wi-Fiのセキュリティは飛躍的にアップします。ぜひ，実行してください。

Q10 ルータ設置がルールです

自宅でインターネットを利用するためにはルータが必要だと聞きましたが，ルータとはどのようなはたらきをするものですか。

A10

　ネットワークとネットワークの中継・接続装置を**ルータ**とよべます。家庭内のLANとインターネットなどの中継点に設置し，ネットワークを通って送信されるデータを，目的の場所にきちんと届ける役目をうけもっています。LANを流れてきたデータが外部のネットワーク宛であれば，ルータはそのデータを外部に送り出します。ルータは，そのときどういう経路でデータを配信するかを判断し，最適なルートに送り出します。

　家庭での場合は，ブロードバンドモデムやアクセスポイントにルータ機能が内蔵されている場合が多いので，ルータの存在を意識することは少ないですが，とてもたいせつなはたらきをうけもっているのです。

Q11 IPアドレスが枯渇の危機に

IPアドレスとはなんですか。

A11

　インターネットなどのIPネットワークに接続された，コンピュータや接続機器それぞれに割り振られた識別番号です。携帯電話番号が，電話機1台1台に違うものが割り当てられているように，インターネット上でこの数値に重複があっては通信がうまくできません。全世界の割り当ては，アメリカのICANNがすべてをまとめて管理しています。その下に各国のレジストラ（登録組織）があり，日本ではJPNICという組織が管理しています。

　古くから使われ広く普及している規格(IPv4)

では，8ビットずつ4つに区切られた32ビットの数値が使われていますが，わかりやすいように「211.140.10.172」のように，0から255までの10進法の数字を4つ並べて表現します。この規格では，約42億台の端末までしか管理できないため，さまざまな工夫でIPアドレスの不足を補ってきました。しかし，現在すべてのモノがインターネットにつながる時代を迎えて，その絶対数が足りていませんので，IPアドレスの新規格（IPv6）の普及が進められています。IPv6ではIPアドレスに128ビットの数値が使われていますので，3.4×10^{38}台の端末を管理できます。これは実社会においては，ほぼ無限といえる数です。

スマートフォンに関する事例

Q 12 スマートフォンのカメラで写真撮影
スマートフォンのカメラで写真を撮るときに注意することを教えてください。

A 12
　スマートフォンのカメラは，年々高性能になりとても高画質の写真が撮影できるようになっています。また，短い時間であれば動画も撮影できるため，多くの人が写真や動画を撮影し，インターネット上の写真投稿サイトや動画投稿サイトで公開しています。しかし，写真や動画を撮影するときは，次のような点に注意する必要があります。

●肖像権に配慮しましょう

　他人の顔を無断で撮影すると，肖像権を侵害する恐れがあります。写真をインターネット上で公開するときは，とくに注意しましょう。

●美術作品などの撮影

　美術館などでは，作品の撮影を禁止しているところも少なくありません。撮影が許可されているかどうかを確認して撮影する必要があります。

●隠し撮り

　撮影していることがわからないように隠し撮りする行為は，明らかに重大な犯罪です。ぜったいしないようにしましょう。

Q 13 スマホ依存症
スマホ依存症とはどのような状態をいいますか。

A 13
　スマートフォンは，24時間手元に置いて使用することができます。そのため，SNSや動画投稿サイト，オンラインゲームなどに時間の制限なくのめり込んでしまって，依存状態になる人が増えています。スマートフォンの場合，どこでもオンラインゲームに参加できるので，家族でも深刻な依存状態がわかりにくくなってしまうようです。スマホ依存を防止するために

は，スマートフォンを利用するルールを自分自身だけでなく，家族でも話し合って決めることが有効だとされています。友人とのLINEでのメッセージ交換でも，終了のルールを決めておくことでずいぶん楽になるのではないでしょうか。スマートフォンの画面を見ながら食事をしているあなたは，依存状態にあるのかもしれません。

Q 14 Exif情報からあれもこれもバレる
スマートフォンで撮影した写真から住所がわかるということですが，どこに書いてあるのですか。

A 14
　スマートフォンで撮影した写真のほぼすべてに，Exif情報というものが自動的につけられています。Exif情報とは，写真の撮影日時やカメラの機種名，絞りやISO感度といったカメラの設定，編集に使ったソフトウェアなどさまざまな情報を含んだデータの集まりのことをいいます。「いつ・どんな設定」で撮影したのかがわかるので，写真の管理などをするときには便利な情報になります。また，スマートフォンのGPS機能がONになっている場合は「どこで」撮影したのかもわかるようになっています。そのため，SNSなどのインターネット上に公開する写真にExif情報がついたままだと，写真を撮影した場所が簡単に特定されます。もし自宅で撮影した写真であれば，自宅が特定されることになります。このようなことにならないためにも，必要のないExif情報は削除しておくようにしましょう。

Q 15 18歳で大人です
18歳で成人（成年）になると聞いたんですが，そうすると何が変わりますか。

A 15
　未成年者の場合，スマートフォンの購入などの契約には親の同意が必要です。もし，未成年者が親の同意を得ずに契約した場合には，民法で定められた「未成年者取消権」によって，その契約を取り消すことができます。しかし，成年に達すると，親の同意がなくても自分で契約ができるようになりますが，未成年者取消権は行使できなくなります。つまり，契約を結ぶかどうかを決めるのも自分なら，その契約に対して責任を負うのも自分自身になります。　契約にはさまざまなルールがあり，そうした知識がないまま安易に契約を交わすとトラブルに巻き込まれる可能性があります。社会経験に乏しく，保護がなくなったばかりの新成人（成人）を狙い打ちにする悪質な業者もいます。そのような被害にあわないようにするためにも，契約に関する正しい知識を身につける必要があります。成年年齢の引き下げによる変更は次のようになります。

18歳になるとできるように なること	これまでと変わらないこと （18歳ではできない）
◆親の同意がなくても契 　約できる 　・携帯電話の契約 　・ローンを組む 　・クレジットカードを 　　つくる 　・ひとり暮らしの部屋 　　を借りる 　など	◆飲酒はできない ◆喫煙はできない ◆競馬，競輪，オートレー 　ス，競艇の投票券（馬 　券など）は買えない 　など

政府広報オンライン[1]による

身のまわりの危険に関する事例

Q 16 架空の請求は突然に
利用した覚えのない請求書が送られてきたら，どのように対応すればいいですか。

A 16
落ち着いて，次のように対応しましょう。
①利用していなければ支払わない。

「回収員が自宅に出向く」「勤務先に報告する」「強制的に財産を差し押さえる」などの脅し文句が書かれていても，身に覚えのない請求に対して，支払いをする必要はありません。

②最寄りの消費生活センターへ相談する。

請求された内容に不自然な点があったり，不安がある場合は，請求書を送ってきた人に連絡したり，支払ってしまったりせずに，消費生活センターに相談しましょう。裁判所からの通知と称して，普通郵便で「裁判所からの支払いの督促」などを送りつけてくることもありますが，ほんとうの通知が普通郵便で送られてくることはありません。心配なときは，警察などに相談しましょう。本物かどうか判断がしにくいときは，消費生活センターに相談しましょう。

③自分の電話番号や住所を相手に知らせない。

メールの本文や添付ファイルで請求書が送られてきたとき，相手には，あなたのメールアドレス以外の情報は知られていないでしょう。逆に，メールに返信したり解約手続きなどのために相手に電話をかけたりすることで，あなたの個人情報を知られてしまい，さらに継続的に請求が続くことが考えられます。不用意に連絡を取らないように心がけましょう。

④証拠として書類を保管しておく。

送られてきた請求のはがきやメールなどは不当な請求があった証拠として保管しておきましょう。

⑤警察に届ける。

もし，脅迫まがいの取り立てにあった場合は，迷わず警察に相談したり，被害届を出しましょう。

Q 17 架空請求の手口
架空請求はどのような文面で送られてくるのですか。

A 17
架空請求は，たとえば弁護士事務所や裁判所などをかたって文書を送り，読んだ人が恐怖からつい請求金額を支払ってしまうことをねらっています。しかし，よく読んでみると不自然なところにも気づきます。

> 住所や名前などはわかっていない。

> はじめての請求でも「最終」などという。

> 期限を短くし，焦らせる。

○○インターネット債権回収機構　　担当　山本
顧客番号６９４５殿
【　最　終　通　告　】
弊社はインターネットコンテンツ事業者様より利用料金等の回収を委託されております。弊社が受任しました今回の貴殿の債務について，これまで何度かのご連絡をさせていただきましたが，いまだ貴殿からのご入金が確認できておりません（1/15 現在）。このたび，以下の事案を決定とし，本メールを最後の通知とさせていただきます。
【入金期限】令和５年01月20日（金）
【振込先】××銀行　□□支店（店番 012）
　　　　　普通　3456789　サトウ トシオ
【入金額】アダルトコンテンツ利用料　25,000 円
今回の通告にもかかわらず万が一にもご入金の確認が取れない場合は，弊社関連調査会社にて貴殿のご自宅，勤務先等をメールアドレス，アクセスログ，電話番号等から調査，解析し回収員が貴殿のご自宅，勤務先等へ直接，回収にうかがうこととなりますのでご了承ください。

> 会社のようなのに個人の普通口座。

> 他人に相談しにくい内容で請求。

> 払えなくはない金額を請求。

Q 18 ワンクリック詐欺
ワンクリック詐欺と架空請求は，違うのですか。

A 18
ワンクリック詐欺とは，Web サイトや電子メールに記載された画像や URL を一度クリックしただけで，一方的に，商品の購入やサービスへの入会などの契約成立を宣言され，料金の支払いを求められるという手口です。ワンクリック詐欺では，メールや SNS で，URL やリンクが埋め込まれた利用者が興味を引きそうな画像が送られてきます。それをクリックすると，突然，「契約が完了しました。利用料金○○万円を期日までに支払ってください。」などのメッセージが表示され，利用者が間違って契約してしまったと思わせるようになっています。また，５千円，１万円などの利用者が払えそうな金額を設定し，支払いまでの期間を短く区切って，相手の焦りを誘うように仕向ける場合もあります。１回クリックしただけでは契約は成立しない（→ p.35）ことをふまえ，冷静に対応することがたいせつです。

[1]https://www.gov-online.go.jp/useful/article/201808/2.html

個人情報とプライバシー

基本四情報，プライバシー，エアリプ

オサムに恋愛の相談をされたリョウスケ。日記がわりに使っているSNSで「早く告白すれば
イイのに」ということをつぶやいたのですが，思いがけない方向へ事態はすすんでしまい…

 ## 解説

❶エアリプ 明らかに特定の人物をさす文章であり
ながら，「誰なのか」を意味する主語やアカウン
ト名を入れずに書き込む手法をエアリプ（空中リ
プライ）という。個人情報の暴露や誹謗・中傷へ
発展することをさけるために用いられていること
が多いが，悪口などの場合は見ている人全員が「自
分のことだろうか？」と不安になるため，トラブ
ルになりやすい。

❷あれじゃすぐにバレる リョウスケは「オサム」
という単語を入れなかったが，「アイツ」という
表現でも事情を知っている人が見れば，彼のこと
をさしているというのは簡単にわかってしまう。

❸プライバシー（privacy） 私ごとや個人の秘密。
または，個人が自己に関する情報をいつどのよう
にどの程度伝えるかを自らコントロールできる権
利のこと。インターネットの普及によって，一個
人が世界に向けて簡単に情報発信できるように
なった現在，安易に他人のプライバシーにかかわ
ることをオープンなネット空間に書き込むこと
が，とても深刻なプライバシーの侵害となる可能
性が高まった。なにがその人にとってのプライバ
シーにあたるかは，他人が勝手に判断できない部
分もあるので，友人のことであっても注意が必要
である。

ワンポイントアドバイス 他人を絶対に話題にしてはいけないということではない。しかし，可能なかぎり悪口や否定的な事がらは書き込ま
ない努力をする必要があることや，想像力をはたらかせる訓練が必要であることを忘れてはならない。

ここに注意！

● 個人情報とは

ある個人に関する事がらを示す情報をさす（職業や趣味・嗜好など）。この中でもとくに，住所・氏名・性別・生年月日は**基本四情報**とよばれている。組み合わせることで本人を特定することが可能となるため，現在は個人情報保護法などの法律によって守られるようになっており，企業や行政はプライバシーポリシーを公開してそれらの保護に努めている。

● 個人情報の管理

残念なことに，不正アクセスや扱い上の不注意によって個人情報が流出する事件は多い。自らの個人情報を提供するときには，「ほんとうに自分の情報を渡しても大丈夫なのか」をよく考えてからおこなう必要がある。しかし近年は，SNSがきっかけで同級生と再会するケースなどもあり，個人情報をまったく明かさないというのは，人間関係や社会生活におけるマイナスの面もある。オープンにする個人情報と，そうではない個人情報をあらかじめ自分の中で決めておくというのも，1つのやりかたである。

このあとどうする？

まずは，オサムに対して謝罪することである。その上で，彼が望むなら，当該の発言は削除すべきだろう。他人を話題にする場合は，エアリプを用いて主語をぼやかしたとしても，このような事態に発展しがちであるため，細心の注意が必要となる。あらかじめ，オサムに確認をとってから書き込むべきだったといえる。多くのケースで，エアリプを用いる手法は効果がないどころかまったくの逆効果になるため，できるだけ使用しないことが望ましい。

考えてみよう ▶

どんな発言が，不用意に秘密をもらすことになるだろうか，話し合ってみよう。

ひとこと

秘密の暴露・私信の暴露

人に知られたくないことや，内輪で収めておきたいことを，本人の許可なく公開してしまうことを**暴露**という。近年は，SNS の DM（ダイレクトメッセージ，→ p.4）や LINE の会話をスクリーンショット（→ p.6）し，画像として暴露するケースが後をたたない。基本的に 1 対 1 の会話（= 私信）の暴露は，公益性がない場合はプライバシーの侵害行為となることを忘れてはならない。

《 なにがプライバシーか 》

心の内にあるもの

日記や手紙

食べ物の好み

健康状態

家族構成

学校の成績

何がプライバシーか，人によって対象は異なる。たいせつなのは，日頃から相手の人格を尊重し，相手が「何を知られたくない」のかに想像をめぐらせる努力であるといえる。知らないうちに相手を傷つける結果にならないよう，注意しなければならない。

⚖ 法律では？

個人情報保護法

2005 年に施行された法律で，企業などの組織において個人情報を扱う場合の取り決めを定めた法律。当初は，5000件以上の個人情報を取り扱う企業などを対象にしていたが，2020 年の改正により 1 件からとなったため，ほとんどの企業などが対象になった。

問題

次の①〜④の説明のうち，正しいものに○をつけなさい。（正解は p.50）

(　) ①自分のブログに，自分が将来どんな職業につきたいかを書き込んだ。

(　) ②「うわさである」としておけば，どんなことでも書き込んでもかまわない。

(　) ③友人が「わたしがクラスのだれを好きかということを書いてもいいわよ。」と承諾したなら，それを SNS で公表してもかまわない。

(　) ④SNS で攻撃的なダイレクトメッセージが送られて来たので，抗議の意味をこめて，スクリーンショットをとって公開した。

 ヒント　個人情報や秘密の暴露，プライバシーの侵害は，相手と状況によってつねに変わることを心がけながらネットを利用しよう。たいせつなのは，他人の人格を尊重するという姿勢をいつももっておくことだ。

オサムが描いたマンガを読んで感動したレナ。そのマンガの魅力を1人でも多くの人に知ってもらいたいと思い，とった行動は…。

 ## 解説

❶ペイントソフト　ペイントソフトは，ラスター画像を扱うソフトウェアである。マウスやペンタブレットなどを動かして，実際に絵を描く感覚で作成できる機能がある。イメージスキャナやデジタルカメラで取り込んだ写真の処理を重視したものは，フォトレタッチソフトとよばれる。そのほか，イラストや図形などのベクターグラフィクスを扱うものは，ドローツールという。

❷僕のオリジナル　マンガやイラストなどの著作権は，その著作物が作成された時点で発生し，著作権はその作品の作成者に帰属する。他人の著作物を勝手に使うことは著作権の侵害であり，使うに

は許諾が必要である。また，写真の著作権は，撮影者にあり，人が写っている場合には，肖像権などへの配慮も必要になる。

❸勝手に公開　ここでは，著作者の人格にかかわる**著作者人格権**に含まれる**公表権**（いつ，どのような形で作品を公表するか決められる権利）が侵害されている。このほかに，知的財産権である著作財産権に含まれる**公衆送信権**（インターネットなどで著作物を公衆に送信することに関する権利）も侵害している。これは**送信可能化**（著作物をWebページから公衆の求めに応じて配信できるようにすること）も含んでいる。

ワンポイント　アドバイス　著作者の人格にかかわる著作者人格権には**公表権**のほか，名前の表示方法を決める**氏名表示権**，勝手に変えられない権利である**同一性保持権**が含まれる。また，「名誉又は声望を害する方法によりその著作物を利用する行為」も著作者人格権を侵害するものとされている（第113条11）。

ここに注意！

●著作物の利用には著作権者の許諾が必要

　自分以外の人がつくった素材や作品を Web ページなどで利用するときには，著作者の許諾を得なければならない。雑誌の内容，アニメーションやマンガ，写真そのほかの素材には著作権があるので，使用する場合には，著作者の許諾を得る必要がある。フリー素材とされているものでも，著作権は放棄されていない場合がある。使用条件をよく確認しよう。

　家庭内での**私的使用**のための複製は，著作者に無断でおこなえることが著作権法第 30 条で示されているが，インターネットで公開することは，私的使用の範囲をこえる。

　また，著作物の再利用を許可するという意思表示を手軽におこなえる**クリエイティブ・コモンズ**というしくみもある。

このあとどうする？

　レナは，まず，無断で Web 上に公開したオサムの作品を削除する必要がある。その後，オサムに誠心誠意，謝罪することがたいせつになる。もし，オサムに損害賠償を求められたら，応じるしかない。

法律では？

著作権法

　オサムが作成したマンガを勝手に Web サイトに公開した場合は，著作権法第 23 条の公衆送信権を侵害していると考えられる。また，オサムが公開を望んでいないことについては，第 18 条の公表権を侵害していると考えられる。著作権法では，著作権の存続期間は著作者の死後（共同著作物にあっては最終に死亡した著作者の死後）70 年を経過するまで，映画については公表後 70 年を経過するまでとされている。

考えてみよう

著作物に保護期間がなく，誰でも無料で利用できるとしたら，どのような問題があるか考えてみよう。

著作権を侵害しないように気をつけよう

マンガや雑誌の写真などを，ネット上に公開しない。

バンド活動のために楽譜をコピーして，メンバーに配ってはいけない。（→p.45）

購入した DVD の映像を，勝手に公開してはいけない。（→p.44）

資料　著作物とは

　著作物とは，思想または感情を創作的に表現したもので，著作権法第 10 条（著作物の例示）によれば，右のようなものが著作物とされている。音楽や舞踊については，作者が著作権をもつほかに，それを実演する人が著作隣接権（→ p.45）をもつ。

1　小説，脚本，論文，講演その他の言語著作物
2　音楽の著作物
3　舞踊または無言劇の著作物
4　絵画，版画，彫刻その他の美術著作物
5　建築の著作物
6　地図又は学術的な性質を有する図画，図表，模型その他の図形の著作物
7　映画の著作物
8　写真の著作物
9　プログラムの著作物

プロの作家がつくったものだけではなく，だれがつくったものでも著作物です。

問題

次の著作権に関する説明のうち，正しいものに○をつけなさい。（正解は p.50）
（　　）①他人が写っている写真でも，自分が撮影したものなら自由に Web ページで公表してよい。
（　　）② SNS のフォロワー数を増やすために，人気アニメのキャラクターを貼り付けてよい。
（　　）③コンピュータのプログラムは自由に変更できるので，著作権が認められていない。
（　　）④ダンスや舞踏などの人が表現するものも，著作物として扱われる。

 ヒント　ダンスや踊りなどの人が表現するものも著作物である。

著作権②

著作隣接権，違法なアップロード

人気アニメ「秘密の八重歯」に感動したリョウスケとレナ。このアニメのすばらしさを1人でも多くの人に知ってもらいたいと思いはじめて・・・・。

解説

❶動画投稿サイト インターネット上で，動画を他人と共有できるサービスを動画共有サービスといい，その共有サービスを提供しているサイトを動画投稿サイトという。投稿された動画の中には，視聴回数が1億回をこえて，社会的な話題となっているものもある。また，映像や音楽などの著作物を，著作権者の許可なく販売目的でコピーしたものを一般に**海賊版**といい，動画投稿サイトで公開されるケースも出た。映画館で盗撮した映像によるものもあり，**映画盗撮防止法**の施行につながった。

❷アップロード ネットワーク上のサーバへ情報を転送することを**アップロード**，サーバに登録されている情報を自分のコンピュータに取り込むことを**ダウンロード**という。著作権法では，著作権者に無断で違法にアップロードされた音楽や映像を，違法なものであると知りながらダウンロードすることも，違法行為としている。

❸権利の侵害 テレビ局には，著作隣接権がある。これは，著作物の伝達に重要な役割をはたしているものがもつ権利である。著作権法では，著作隣接権をもつものとして，実演家，レコード制作者，放送事業者などがあげられている。

ワンポイント アドバイス 営利を目的としない上演，演奏は，著作権者に無断でおこなえる。しかし，チャリティコンサートなどは営利目的ではないが，募金のためであっても入場料金を取るならば，著作権者の許諾が必要となる。

●著作権が保護される理由

著作権は，著作物にかかわるさまざまな権利を保護することで，著作者の努力や創作意欲を支援するためのものである。私たちは，著作物に著作権があることを正しく理解し，その権利を保護するという意識をもたなければならない。

①音楽やダンスは著作物である

楽曲や歌詞は著作物なので，使用には著作権者の許諾が必要である。また，ダンスにも著作権がある。これらには，演奏者や上演者など著作物の伝達者がもつ著作隣接権もある。

②演奏の公開にも条件がある

著作権法第38条では，著作物の上演や公開は，入場料や出演料を取らない無償の場合，著作者の許諾を得なくてもよいとされている。ただし，楽譜のコピーやWebページでの公開には，許諾が必要である。

③映画などの映像の利用にも条件がある

映画会社など，映像に関する著作物の製作者には，著作権が認められている。

複製権…自分の著作物を許可なく複製されない権利

上映権…自分の著作物を許可なく公の場で公開されない権利

頒布権…自分の許可なく映像ソフトを売ったり，貸したり，譲ったりされない権利

法律では？

著作隣接権

音楽や演劇などの，著作物の内容を伝達する実演家に与えられた権利を著作隣接権といい，演奏や上演をおこなった時点で権利が発生する。

考えてみよう

自分で購入したCDであれば，お気に入りの歌手の楽曲を自由にWeb上で公開してもよいだろうか。

このあとどうする ？

著作隣接権や著作権をもつ著作権者からクレームが寄せられた場合，要望に応じてただちに動画を削除しなければならない。悪質だと判断された場合には，損害賠償を求められる場合もある。

資料　著作物と著作隣接権

著作権は，著作物を創造した時点で自動的に発生する権利で，右の3つの権利が関係する。著作権のなかで，著作者人格権以外の権利は，他人に譲渡できることになっている。

著作者人格権	著作者の人格的な権利。
著作財産権	著作者の経済的な権利。狭義の著作権。
著作隣接権	著作物の伝達者がもつ権利。

●「著作者人格権」とは？

著作物の内容を勝手に変えられない(同一性保持権)，いつ，どのような形で作品を公表するか決められる(公表権)，作品を公表するときの氏名の表示方法を決められる(氏名表示権)の3つの権利が明記されている(第18条〜第20条)。

●「著作隣接権」とは？

音楽や演劇などでは，楽譜やシナリオをつくった人に認められる著作権のほかに，著作物の伝達に重要な役割をはたしている実演家，レコード製作者，放送事業者，有線放送事業者に認められた権利として，著作隣接権がある。著作隣接権には，自分の演奏や上演を録音・録画できる(録音権・録画権)，放送する(放送権，有線放送権)，Webページから公衆の求めに応じて自動的に送信できるようにする(送信可能化権)，などの権利がある。

楽譜の出版社　複製などの権利を譲り受けている

作曲者　著作権をもつ

作詞者　著作権をもつ

演奏者　著作隣接権をもつ

レコード会社　著作隣接権をもつ

放送局　著作隣接権をもつ

問題

次の①〜③の説明のうち，正しいものに○をつけなさい。(正解はp.50)

（　　）①高校の文化祭で，高校生が入場料を取らずに演奏する場合，著作権者の許可を得る必要はない。

（　　）②他人のつくった曲でも，自分で演奏していれば，Webページで公開してもよい。

（　　）③文化祭で友人といっしょに演奏する曲の楽譜をコピーしても，私的使用にあたるので問題ない。

 ヒント　著作権法では，営利を目的としない場合は，著作権者の許諾を得ずに著作物の演奏や上演ができるとしている。

不正アクセス

サイバー犯罪，情報セキュリティ，被害にあったら

「情報 I」の授業で，地域の課題について期限までにレポートにまとめて提出することになりました。さて，リョウスケとオサムは…。

第4章 個人の責任と法

1
ぶつぶつ
地域の課題なんて，大人が解決するもんだよ。
ぶつぶつ
ぶつぶつ
♪ できた！
地域の保育園不足の原因をまとめたよ。先に帰るね。

2
オサムの❶ユーザアカウントとパスワード知っているんだ。レポート見てやろう。

3
オサムのレポートがあったぞ。時間もないから，❷これを提出しよう。
イェーイ♪
ログインできたぞ
オサムフォルダ
レポート_オサム.docx

4
オサムのフォルダに自分のレポートをいれてるじゃないか。おまえがやったことは，❸法律にも違反する行為だぞ。
不正アクセス！
オサムフォルダ
レポート_オサム.docx
レポート_リョウスケ.docx

解説

❶ユーザアカウント コンピュータやネットワークなどを，許可された人のみが利用できるようにするために登録される，利用者の識別情報のことでユーザー ID ともいう。

❷これを提出 リョウスケは自分のレポートを完成することができず，オサムの ID とパスワードを勝手に使ってネットワークにログインし，オサムのレポートを自分のレポートとして提出した。この行為は不正アクセスにあたり，さらにレポートを自分のものにしたことは，盗作にもあたり，許されない行為である。パスワードは ID と同じように利用者本人を特定するためのとてもたいせつ

な情報にあたるので，友人であっても盗み見たり，無断で記録したりしてはいけない。機密保持の観点からも，付箋（ふせん）などに書いて貼っておくようなことをしてはいけない。

❸法律 不正アクセス禁止法では，他人のコンピュータに不正にアクセスすることや，他人のパスワードでコンピュータネットワークにアクセスすることを禁止している。また，偶然知ったとしても，他人のパスワードをほかの第三者に教えることも，不正アクセスを助長する行為として禁止されており，違反すると 1 年以下の懲役または 50 万円以下の罰金という罰則がある。

ワンポイントアドバイス コンピュータネットワークを通じて，無断でほかのコンピュータネットワークに侵入したり，他人のパスワードを無断で利用してアクセスすることは，不正アクセス行為にあたるので，絶対おこなってはいけない。

●サイバー犯罪

　コンピュータネットワークを悪用した犯罪を**サイバー犯罪**（**ハイテク犯罪**）といい，厳しく取り締まりがおこなわれている。しかし，サイバー犯罪の加害者は国内にとどまらない。海外からも，悪意をもった集団や個人からの攻撃がコンピュータネットワークを通じておこなわれている。なかでも，ランサムウェアとよばれるマルウェア（有害な動作をさせるソフトウェア）による被害が増えている。これは，コンピュータに保存しているデータを勝手に暗号化して使えない状態にし，それを解除するための身代金を要求する画面を表示するものである。

●不正アクセス

　コンピュータへのアクセス権をもたない人が，ソフトウェアの不具合やセキュリティ上の弱点をついてアクセス権を手に入れ，不正にコンピュータに侵入したり，コンピュータを操作したりすることを不正アクセスという。不正アクセス禁止法ではそのような行為に加え，不正にユーザIDやパスワードを取得するために会社や団体を装った偽のWebサイトを設置する行為も取り締まりの対象に加えられている。

　次のような行為は絶対，おこなわないようにする。
・セキュリティホール（プログラムの不備，p.52）をついてコンピュータに侵入する。
・他人のユーザIDやパスワードを不正に取得し，コンピュータへログインする。

　リョウスケがおこなった行為は，明らかな法律違反にあたり，申し開きはできない。そのため，素直に先生の指導にしたがい，反省するしかない。また，二度とこのような行為をおこなわないようにしなければならない。

考えてみよう ▶

ネットワークに不正に侵入し，プログラムやシステムを不正に操作したりする人をクラッカーとよぶが，不正な手口を防止するにはどうすればよいか，考えてみよう。

法律では？

不正アクセス禁止法

　不正に入手したIDやパスワードなどの情報を使用して本人になりすます行為に加え，不正にユーザIDやパスワードを取得するために会社や団体を装った偽のWebサイトを設置する行為（→p.34）も，取り締まりの対象になっている。

不正アクセスの被害にあったら

　自分のコンピュータが不正アクセスの被害にあったら，次のような対策を取るようにするとよい。
・ケーブルを抜くなど，ネットワークからコンピュータを切り離す。
・不正アクセスされた時点の現状を保存するため，データのバックアップを取っておく。
・セキュリティを強化するため，ウイルス対策ソフトの導入や更新をする。
・被害にあったことを警察に報告したり相談したりする。

都道府県警察本部のサイバー犯罪相談窓口等一覧
```
https://www.npa.go.jp/bureau/
cyber/soudan.html
```

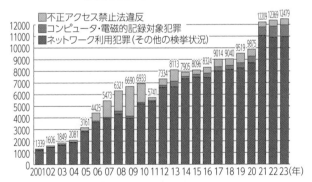

サイバー犯罪の検挙件数の推移（警察庁の統計資料より）https://www.npa.go.jp/publications/statistics/cybersecurity/index.html

---

問題

次の①～④の行動のうち，ふさわしいものに○をつけなさい。（正解はp.50）
（　　　）①授業に遅刻しそうな友人のために，事前に友人のユーザIDとパスワードでログインしてあげた。
（　　　）②パスワードはとてもたいせつな情報なので，一度決めたらむやみに変更しない方がよい。
（　　　）③不正アクセスされ，マルウェアに感染している疑いがあるので，まずケーブルをはずした。
（　　　）④コンピュータに侵入できるソフトを買ったので，学校のネットワークで試してみた。

 ヒント　コンピュータネットワークに侵入しようとすること自体が犯罪にあたる。

炎上

炎上のメカニズム，拡散，「バカッター」

テストで好成績を取ったリョウスケ，うれしさのあまり SNS で自慢していたのですが，「ちょっと調子にのりすぎじゃないか」と注意されました。思わず反論してしまいますが…

第4章 個人の責任と法

解説

❶**うるさい**　ネット上では，見知らぬ相手から突然話しかけられることがあり，ときには不快に感じるケースもある。このケースでは，善意からきた注意に対してリョウスケが感情的な対応をとったことが，炎上につながった。

❷**炎上**　ネット上で，大勢の人から批判や糾弾のメッセージが殺到する現象。きっかけはさまざまだが，ささいな事件やもめごとであるケースが大半で，オープンなネット上で書き込んでしまったために劇場化してしまったケースも多い。近年は，こうした炎上をおもしろおかしく拡散することを仕事にしている業者や個人も存在しており，いち

ど起こった炎上はこうした存在が原因となって大炎上させられている面もあるようだ。

❸**大拡散**　リョウスケのアカウントが，鍵のかかっていないオープンな状態であったため，クラスメートや友人への自慢，もめごとが全世界へ広まってしまったということが原因として考えられる。プライベートな用途のアカウントなら，公開範囲を限定するなどしておくことも必要だったといえる。

 ワンポイントアドバイス　ネットには，あまりプライベートなことを書かないようにしたい。炎上を防ぐためには，鍵アカウント（許可したユーザしか閲覧・書き込みできない）に変更することや，オープンな SNS ではない別のアプリを利用するなどの方法も検討したほうがよい。

●よくある炎上の原因

①非常識な言動

友だちどうしの冗談や，つきあいでおこなった悪ふざけのようすを投稿した結果，反社会的であるという批判が殺到し炎上へつながる（いわゆる**バカッター**問題）。また，アルバイトの店員などが，勤務中にふざけあったりする光景を書き込んだ結果，起こることも多い。企業経営に影響を与え，損害賠償請求などの重大な結果につながることもある（**バイトテロ**）。

②差別的な発言

「放送禁止用語」や「差別発言」に該当する発言をして抗議が殺到。社会人の場合，勤務先に抗議がくることもあり，職を失う結果につながることもある。

③政治思想の対立

ネットでは過激な主張になりやすく，主張が対立した結果，炎上につながることがある。テーマが重要なものであることから，犯罪などにつながるケースもある。

④趣味や嗜好の違い

好みの映画や漫画，あるいはファンの芸能人などの違いといった，好みの違いが原因で発生することもある。相互に**ネットストーカー**（→ p.60）化するなど，長期化する例もある。

炎上にはかかわらない

爆破予告など，明らかに法に抵触（威力業務妨害，脅迫，強要などの罪になる）し，ただちに重大な被害が発生するようなケースをのぞき，炎上にはできるかぎり，かかわりあいにならないのがよい。誰かが悪質な行為をはたらいたからといって，あなたが裁いてよいということではない。度を越した批判は，その行為自体が，同じような法律に反する行為であることを忘れてはならない。

炎上の原因となる行為は許されるべきものではないが，炎上がはびこっている社会は「自由にものが言いにくい社会」であるともいえるのだ。

考えてみよう▶

身近な人が炎上に巻き込まれたら，どうすればよいだろうか。

このあとどうする❓

炎上のコントロールは，非常に難しく，殺到する批判への対応を個人でおこなうのは不可能に近い。原因となった発言やアカウントを削除したほうがよいといわれることも多いが，逆効果になる場合もある。このケースでは，原因が犯罪に該当することではないため，しばらくのあいだ，いっさい反応しないというのも1つの手段である。ただし，度を越した罵倒や脅迫，殺害予告などが来た場合は，法的対応を考えたほうがよい。そういうときは，警察や専門家に相談しよう。

《炎上のメカニズム》

❶ 発生
SNSや動画投稿サイトなど

本人の不適切な日常の言動が原因になることが多い。

❶～❸の過程をループすることで拡大・拡散が続く。

❸ コンテンツ化
❶❷にくわえ，大手ニュースサイト規模によってはテレビや新聞も

一定の規模をこえると，ニュースアプリやテレビなどでも取りあげるようになり，誰もが知るコンテンツ（情報のなかみ）となる。

❷ 増幅
まとめサイトや匿名掲示板

キュレーションサイトなどで炎上が取り上げられる。大炎上へ発展していき，個人情報の特定をすすめる者もあらわれだす。

問題

次の①～④の説明のうち，炎上に関する考え方として正しいものに○をつけなさい。（正解は p.50）

（　　　）①犯罪自慢をしているユーザを見つけたが，知人でもないので放置しておいた。
（　　　）②ネット炎上はほとんどの人は縁のない現象である。
（　　　）③相手は犯罪行為をしているのだから，さらしあげて批判することも許される。
（　　　）④炎上は短期的な現象であり，一定期間で収まる。

ヒント　自らが炎上を起こさないことはもちろん重要だが，見ず知らずの人物が引き起こした炎上を拡散するような行為もひかえよう。おもしろ半分で炎上に参加することは，誰かの人生をコンテンツにして楽しむ行為であるといえる。

こんなとき Q&A

個人情報とプライバシーに関する事例

Q1 同窓会をしようよ
同窓会を計画しているのですが，個人情報保護などで，クラスの人たちの連絡先がわからなくなっています。

A1
　個人情報の保護が主張されるようになってから，以前にくらべて，名簿などの管理がとても厳重になりました。それ自体はよいことですが，その反面，同窓会をするにもかつての同級生と連絡を取る手段がないなどさまざまなところで支障が出るようになりました。たしかに個人情報を守ることは大切なのですが，中には見知らぬ人には名前も名乗らないといったケースも発生するようになっています。いくら個人情報を守るといっても，これでは円滑なコミュニケーションに支障が生じます。個人情報はすべて保護しなければならないとなれば，他人のことを知る手段が完全になくなってしまい，それでは社会の運営ができなくなってしまいます。他人に教えてもよい個人情報と教えてはいけない個人情報というものを日ごろから自分の中で分析して考えておくことが重要でしょう。また，人間はミスを犯す生き物である以上は，個人情報というものは流出する危険性をつねにはらんでいるということを忘れてはいけません。守る努力も必要ですが，どこかで流出してしまう危険性もあるということは，覚悟しておく必要があるでしょう。

Q2 はっきりと言うべきか，言わざるべきか
エアリプってそんなに悪いことなんでしょうか。批判的なコメントが目に入って不快にならないように，気を使っているつもりなのですが。

A2
　たとえば，あなたがフォローしている人物が「最近ネチネチした言動の目立つ人がいる」と発言したとしましょう。あなたが日ごろから自分の言動にそういう面があると思っていなければ，とくに気になることもないでしょう。しかし，もしあなたが日ごろ，自分にはそのような短所があると意識していた場合，このような発言を見て冷静でいられますか？ほかにも，事例14でとりあげたように，秘密を守るつもりでエアリプをしても，他人の秘密をただ暴露するだけに終わってしまうというケースも多くあります。したがって，SNSで発言をするときに，主語や対象を明確にするというのはマナーとして守ることであり，自分を守る行為にもなります。エアリプを繰り返した結果，まったく関係ない第三者から重大な恨みをもたれることにつながってしまうケースもあります。

Q3 言うなというわけじゃない
他人への不満を，まったく言ってはいけないというのは，いくらなんでも厳しすぎませんか。

A3
　人間は，1つの表情だけで生きているわけではありませんから，たまには他人に対して不満を抱く瞬間もあるでしょう。ですが，そういうときは，本人に到達する可能性がわずかでもある場所に書き込んではいけません。検索が容易となった現代では，ネットへの書き込みは本人に到達する可能性があるので，秘密を守ることができる相手と1対1で話すなどの工夫をする必要がある時代になったと考えることもできます。アプリの使い方や公開範囲等をしっかりと学習しておくことも必要になったといえるでしょう。ただし，忘れてはいけないことですが，そもそも「人の口に戸は立てられず」という格言のとおり，言葉というのは人づてに知れわたってしまうことが多いので，可能なかぎり言わないようにする努力をするのも，自分自身の成長のためにも大事な課題だと考えてください。

Q4 マルウェアには要注意
「個人情報流出」というニュースをよく聞きますが，きちんと管理されているものじゃないんですか。

A4
　パッとしたイメージでは，悪意をもった人が不正アクセスなどをおこない，個人情報を奪う状況が連想されがちです。しかし実態としては，「重要な情報の書いてある書類を置き忘れる」「顧客情報が保存されているUSBメモリを紛失する」「ネットワークの設定を間違えてだれでもアクセス可能な状態にしてしまった」など，個人情報を扱う人間のミスが原因であることがほとんどです。ごく稀にですが，コンピュータウイルスなどのマルウェアを添付したメールなどを送りつけられたり，スパイウェアを仕込んだWebサイトへ誘導するURLをメールで送られたりするなどして，個人情報を盗み出されてしまう事案も存在しています。対策としては，「個人情報を不用意に持ち出さない」「ネットワークの設定などはしっかりと学習した上でおこない，わからない場合は技術をもった人にきちんと確認を取る」などが重要です。受け取った電子メールに，あやしいURLの記載や，添付ファイルなどが存在していた場合は，不用意に開かないことも重要です。最近では，ほんとうに業務上の重要な連絡にしか思えないようなメールが送られてくることも増えており，送信元のメールアドレスなどが本来の正しいアドレスなのかどうかを確認することなども，こうした流出を防止する方法としては重要になっています。

著作権に関する事例

Q 5 知的財産権

知的財産権とは，どのような権利ですか。

A 5

　人間の知的活動によってつくりだされ，それ自体が価値をもつような財産にかかわる権利を知的財産権といいます。著作権は，おもに音楽や文章などの著作物の保護を目的とした権利です。産業財産権は，あたらしい技術やデザイン，商標などについて独占権を与え，模倣（まねをすること）の防止を目的とした権利のことをいいます。

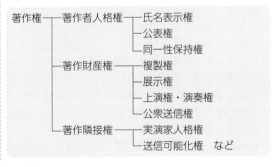

知的財産権

著作権──┬─著作財産権（著作物に関する経済的な権利）
　　　　　└─著作隣接権（著作物を伝達する者の権利）

産業財産権─┬─特許権（発明の権利を保護）
　　　　　　├─実用新案権（発見，工夫の権利を保護）
　　　　　　├─意匠権（物品のデザインの権利を保護）
　　　　　　└─商標権（商標（ブランド）の権利を保護）

Q 6 著作権の内容

著作権の内容についてくわしく教えてください。

A 6

　著作権には，大きく分けて，著作者人格権，著作財産権，著作隣接権の 3 つの権利があります。

　著作者人格権は，著作者の人格的な利益の保護をはかるもので，著作者固有の権利として認められており，他人に譲渡することはできません。

　著作財産権は，著作者の財産上の権利の保護をはかるもので，第三者に譲渡することもできます。

　著作隣接権は，著作物の内容を伝達する者（実演家，レコード製作者，放送事業者など）に与えられた権利で，第三者に譲渡することもできます。

著作権─┬─著作者人格権─┬─氏名表示権
　　　　│　　　　　　　├─公表権
　　　　│　　　　　　　└─同一性保持権
　　　　├─著作財産権──┬─複製権
　　　　│　　　　　　　├─展示権
　　　　│　　　　　　　├─上演権・演奏権
　　　　│　　　　　　　└─公衆送信権
　　　　└─著作隣接権──┬─実演家人格権
　　　　　　　　　　　　└─送信可能化権　など

Q 7 実演家のもつ権利

著作隣接権について，くわしく教えてください。

A 7

　著作隣接権とは，音楽や演劇などの，著作物の内容を伝達する者に与えられている権利です。演奏や上演をおこなった時点でその権利が発生するため，届け出は必要ありません。著作権法では，権利を得られるものとして，実演家，レコード製作者，放送事業者および有線放送事業者があげられています。著作隣接権は財産権の一種でもあるので，他人への譲渡も可能です。

Q 8 私的使用における複製を指摘しよう

著作物を無断で複製できるのは，どんな場合ですか。

A 8

　次のような場合，著作者の許諾を得ずに複製をおこなってもよいことになっています。

・勉強や研究のために，図書館で，図書館の人に頼んで，書籍の一部を複製するとき。

・学校の授業や研究発表，私的な使用のために，書籍や新聞の文章や図を複製して使うとき。

・公立の図書館から借りてきた CD を，家庭内で楽しむためなどかぎられた場所で個人的な使用を目的に複製するとき。

Q 9 もお，どうしたらいいのか

ゲームで「MOD禁止」って，いわれたのですが。

A 9

　MOD は modification の略で，コンピュータゲームの内容や動作を改変する，小規模なプログラムやデータのことをいいます。これはゲームの正式な制作者や販売者ではなく，ユーザなどが独自に作成して，ゲームに適用して作動するようにしています。MODはユーザが望む改良点や追加機能を自作して公開したものであるともいえます。そのため，オリジナルのゲームにはない機能を追加したり，ゲームバランスを調整したり，バグ（プログラム上のエラー）と思われる部分を是正したり，ゲームやキャラクタの見た目を変更・追加したりします。しかし，すべてのゲーム作品で認められているわけではなく，正規の著作権者が改変の許可をだしていることが前提になります。

Q 10 著作物を引用するときのルール

引用のルールには，どのようなものがありますか。

A 10

　他人の著作物を引用するときは，つぎのルールにしたがいましょう。

①引用するものが，すでに公表されている著作物であること。友人の日記などまだ公表されていないものは引用できません。

②引用をおこなう必然性があること。不必要な部分を引用することはできません。

③自分の創作する部分と引用の部分の主従関係が明白であること。自分の創作部分より引用部分が多いような引用のしかたは認められません。

④引用部分がカギかっこなどで明示されていること。

⑤書籍からの引用であれば，書籍名，作者名，出版社名など，Webページからの引用であればURLなど，出典(出所)を明記すること。

不正アクセスに関する事例

Q 11 どこから不正でどこまでセーフ

不正アクセスとよばれる行為には，具体的にどのような行為がありますか。

A 11

「不正アクセス行為の禁止等に関する法律」で禁止されている行為としては，次のようなものがあります。
・なりすまし(他人のID，パスワード等を不正に利用する行為)。
・セキュリティホールを攻撃して，ネットワーク内部やコンピュータに侵入する行為。

セキュリティホール(⇨ p.47)を攻撃する不正アクセスでは，Webページが書き換えられるような被害があります。他人になりすましてネットオークションへの出品や入札をおこなうことも，不正アクセス行為にあたります。ほかに，オンラインゲームで他人のユーザIDとパスワードを不正に使用してログインし，他人のキャラクタの装備品やアイテムを自分のキャラクタに移し替える行為も不正アクセス行為です。

また，他人のユーザIDやパスワードなどの個人情報を第三者に流出させるなど，不正行為につながる行為をおこなった場合や，不正アクセス目的ということを知らずにパスワードを提供した場合であっても，罰金が課せられる場合があるので注意しましょう。

Q 12 セキュリティホールってどんな穴

セキュリティホールとはなんですか。

A 12

ソフトウェアの欠陥(不具合やプログラムのミス)の1つで，操作する権限のないユーザが権限を越える操作を実行できてしまったり，見えるべきでない情報が見えてしまったりするプログラム上の不具合をいいます。インターネットの普及にともない，ネットワークへの不正な侵入，Webページの内容の書き換えなどがおこなわれた際，多くの場合は，セキュリティホールが原因となっているようです。

Q 13 2段階認証

2段階認証とは，どのような認証の方法ですか。

A 13

システムやサービスにアクセスするために，認証を2度おこなうことを2段階認証とよびます。1度目の認証でユーザIDとパスワードを入力した後，2度目の認証としてセキュリティコードなどを入力し，2つの認証をパスすれば，はじめてシステムやサービスに

アクセスすることが可能になります。実用例としていろいろな方式がありますが，ユーザIDとパスワードによる認証をおこなった後に，スマートフォンなどにショートメールやSNSなどを使ってセキュリティコードを送信し，それを入力してもらって，本人を認証するケースが多く利用されています。また，スマートフォンやタブレットの画面ロックを解除するために，指紋や顔認証などの情報を用いることもあります。

Q 14 サイバーテロ

サイバーテロとはどのようなものですか。

A 14

インターネットを中心とするコンピュータネットワーク上でおこなわれる，システムの破壊を目的とした行為をいいます。具体的な手口としては，コンピュータウイルスなどのマルウェアを使用してデータやファイルを削除する，大量の不正データを送りつけてサーバの処理機能や回線の送受信を麻痺させる，などがあります。コンピュータネットワークは，情報伝達をになう重要なインフラストラクチャ(社会基盤)です。そのため，コンピュータネットワークやシステムそのものを破壊するような行為は，重大な違法行為として取り締まられます。また，企業のビジネスマンや政府の要人などに，添付ファイルを開くとコンピュータウイルスに感染するメールを送りつけ，企業秘密や国家機密などを盗み取ろうとする「サイバースパイ」とよばれる犯罪も起こっています。

Q 15 ランサムウェア

ランサムウェアってなんですか。

A 15

ランサムウェアとは，身代金(ランサム)とソフトウェアを組み合わせてつくられた語で，マルウェアの一種です。ランサムウェアに感染するとコンピュータ内に保存しているデータが勝手に暗号化されて使えない状態になったり，スマートフォンが操作不能になったりしてしまいます。また，感染した端末の中のファイルが暗号化されるだけではなく，その端末と別のストレージ(補助記憶装置)も暗号化される場合もあります。そして，その制限を解除するために身代金を要求する画面を表示させるというマルウェアです。

感染経路としては，おもに犯人が送付したメールの添付ファイルを開いたり，本文中に記載されたリンク先をクリックしたりすることが考えられます。また，第三者のWebサイトを改竄して，そのサイトにアクセスしただけでマルウェアに感染するというしくみを構築し，多くの人にランサムウェアを感染させようとする例も確認されているので注意が必要です。

炎上に関する事例

Q16 よく聞くけれどそもそもコンテンツとは
「コンテンツ」という語をよく聞きます。なんとなくわかったような気になっていますが、正確な意味は、どうなっているのですか。

A16
本来は「情報のなかみ」という意味ですが、いまでは、映画や漫画、アニメ、ゲームなどの「楽しむためのソフトウェアや映像、道具」などをコンテンツとよぶようになりました。したがって、インターネットで見ているものすべてがコンテンツである、という意味でとらえることもできます。悲しいことですが、炎上のような、誰かを糾弾したり批判したりするような現象への参加を楽しむ人もあらわれ、「炎上のコンテンツ化」が進んでいるという状況になってしまっています。

Q17 火のないところに煙は立たぬ
どうして、炎上が起こるのですか。

A17
さまざまな理由があって、一言で説明するのは難しい問題ですが、「1人または少数の人の言動が、多くの人びとの怒りを買うようなものだったから」という点は共通していると考えられます。それは芸能人のスキャンダルであったり、企業の不祥事であったり、政治的な意見の対立であったり、あるいはまったく個人間のもめごとであったりと多種多様です。なかには、誤解からはじまって炎上につながり、まったく過失のない人が攻撃のターゲットにされるケースもあります。こういったことから、自分は炎上とは無関係であり遠い世界の出来事だ、とは絶対に思わないようにしてください。巻き込まれる確率はとても低いものであっても、何年もインターネットの利用を続けていれば、巻き込まれる可能性は増えていくのです。SNSが登場して以降、炎上の発生件数は増えてきています。スマートフォンの普及にあわせて、誰でも簡単にインターネットを利用できるようになり、リテラシーの低い利用者が増加したことや、ネットの世間化が進んだことなどが理由にあげられます。だれともトラブルを起こすことなく過ごしていくことは、むずかしいものです。トラブルで誰かともめたときに、過去のSNSでの発言が炎上の材料にされてしまうケースなども発生しています。

Q18 初期消火が重要ですか
もし、自分のことで炎上が起きてしまったら、どうしたらよいでしょうか。

A18
まず、反射的に反論するのはさけるなど、すぐには反応しないのがよいでしょう。あるいは謝罪するにしても、少し時間をおいて考えてからおこなうのがよいでしょう。炎上すると、大量の批判的なコメントが殺到するため、どうしても混乱し、すぐに反応してしまいがちですが、いったん炎上が発生した場合は、もうそれを止めるのは不可能であると考えましょう。

炎上が発生したときは、冷静な対応が必要です。まず自分1人で考えるのではなく、炎上とはまったく関係のない人に意見を求めてみましょう。それで、自分の言動に原因があるということがはっきりすれば、素直に謝罪し、できるだけ誠実に説明します。

ただし炎上の原因が、すべて本人だけにあるとはかぎりません。まったく不当な言いがかりや、誤った情報が原因で炎上につながったケースもありました。ささいなことで炎上し、原因となった人に対して過酷な制裁を求めるようなケースもよく見られます。

Q19 炎上でエンジョイする困った人たち
炎上している場合は、多くの人が怒っているということですか。

A19
炎上を引き起こす人、炎上に参加する人についての研究では、ネットユーザの100人に1人ぐらいだろうと言われています。炎上が発生したときにはとても多くの書き込みが発生するため、多くの人が参加しているように感じられますが、実際には1人あるいは少人数の人がそれぞれ何100回と書き込みを繰り返しているケースが多いようです。しかし、過激な発言をするユーザは目立ってしまうため、そうした現象を見ているととても多くの人が炎上に関係しているような錯覚をおこすようです。

どのような人が炎上に参加するかについても、わかってきたことがあります。過去に過激な発言を繰り返した結果、犯罪として立件されたケースなどを調べてみると、参加者の中には精神的に不安定な状態の人や、社会的に孤立している人だった例がありました。炎上を起こす人にも問題はあるわけですが、炎上に参加する人にも問題があると言えるでしょう。

炎上する事件は、憤りを覚えるようなことが多いので、なにか言いたくなる気持ちもわかります。しかし、法治国家では、資格のない者が勝手に裁くことは許されません。もし、あなたがどうしても炎上に参加したいのならば、法的なリスクを背負って、最後までその責任をとる覚悟をもたなければ無責任というものです。

炎上の背景には、上記のような社会全体の問題があり、それをどのように解決するかをみんなで考えていくことがたいせつです。

まとめサイト

デジタルタトゥ，忘れられる権利

SNS が炎上してしまったリョウスケ。知らない間にまとめサイトまでつくられてしまい，事態はどんどん悪いほうへとエスカレート…

解説

❶**まとめサイト**　炎上の経緯や原因などを解説したサイト。近年ではキュレーションサイト運営者やアフィリエイト収益を目的にしている者が作成するケースも多い。多くは身勝手な正義心や思い込みなどから，事実を脚色したり，歪曲したりするなどしておもしろおかしくまとめてあり，情報の信憑性が高いとはいえない。個人情報を無断で公開するなど，違法性が含まれるケースもある。騒動の発端となった SNS と，このようなまとめサイトが相互に連携することによって，炎上がますますエスカレートすることがある。

❷**いったい，いつまで**　このようなケースで，過去の炎上に関する情報をおもしろ半分で拡散する者を明確に規制する法律は，現時点では存在していない。ネットに過去の情報が残存し続けることによって，人生に悪影響を受けている人は，相当の数にのぼっているといわれている。

❸**もう忘れてくれ**　こうした現象を（一生，消えない）入れ墨にたとえて**デジタルタトゥ**とよぶ。欧米では解決のために**忘れられる権利**という考え方も登場したが，まだ普及にはいたっていない。炎上を起こさない努力も必要だが，興味本位でこうした情報を不用意に閲覧したり，惑わされたりすることのないように配慮する必要がある。

 ワンポイント アドバイス　コピーサイトは，アーカイブサイトや魚拓ともよばれる，Web サイトのコピーを保存するサービスを提供する。本来は，サイトが閉鎖されることによって貴重な情報が消失するのを防ぐ目的で使用する。しかし，炎上のときに個人情報を暴くために悪用されるケースも多く，炎上の素材として使うことを目的にしているケースもある。

ここに注意 ⚠

● 特定しました！

規模の大きな炎上では，個人情報が暴かれ，流出しているケースが多い。SNSのアカウント名と「近所」「友人」「学校」「部活」などの語句を組み合わせて検索をおこない，断片的な情報を集めた後に，それらを集約，分析していけば，個人を特定できる可能性は高い（**名寄せ**）。

また，同じアカウント名を異なるサービスで使いまわしていた場合，同じように発言などから個人情報を推察することも可能だ。ある程度の知識があれば，こうした特定作業をおこなうことは容易であり，一度ターゲットにされた場合は逃れるのは難しい。

● 過去の発言が…

長期に渡ってSNSを利用する場合は，特定されるリスクがどんどん高まっていくということを理解しておく必要がある。書き込んだ時点では問題のない「つぶやき」も，5年後・10年後の職業や社会的立場によっては「問題発言」や「誹謗」「中傷」と受け取られてしまう危険性もある。一定の期間ごとに，過去の発言などを見直したほうがリスクは低下する。

このあとどうする ❓

このような状態になってしまえば，もはや現在の法律や技術ではどうしようもない。一度コピーされ出回った情報を完全に削除するのは難しい。日本においても，「忘れられる権利」に近い考え方が社会的に広まりつつあり，法律の整備も進みつつある。将来，過去のこうした情報を元に攻撃してくるような者があらわれたときに何かしらの法的措置を取れるように，法律などを勉強しておくことが現時点で可能な対策と考えられる。

▌考えてみよう ▶

ネットに残った自らの失敗（事件や画像・写真）が永久に残るとしたら，どのような影響を受けるだろうか。

● 知らないうちに周囲が…

日頃から慎重に書き込む習慣をつけ，他人が嫌がるようなことを言わない努力も必要である。気がつかないうちに，あなたを嫌う人物がネットに増えることのないよう，周囲への心遣いを忘れてはならない。炎上時に流出する個人情報は，そのような人たちが投稿しているケースも多いからだ。

● 忘れられる権利

2000年代以降にヨーロッパで，過去の犯罪歴を報じたニュースサイトが残り続けるために生活に悪影響を与えるといったことを理由に起きた裁判がきっかけで提唱されるようになった考え方。Googleなどの大手検索サイトは反論したが敗訴し，現在では「法的抹消」という項目で申請をおこなった場合，こうした情報を検索結果から抹消することを義務づけられた。しかし，日本国内ではこうした判例は存在しておらず，あまり普及していない考え方である。

> OrewaRyosuke か…
> X だけじゃなく，
> インスタやFacebook にも
> 同じアカウントがあるぞ。

いろいろなSNSで同じアカウント名を使っていると，さまざまな書き込み内容から**名寄せ**されてしまうことがある。

防弾サーバ

まとめサイトには，警察や司法の捜査をまぬがれるために，法律のゆるい国でサービスを運営したり，サーバ自体を強固な建物の中に設けたりするなどしている**防弾サーバ**とよばれるシステムで運営されていることも多い。このようなものを利用してコピーをつくられてしまった場合，削除することはきわめて困難となる。

問題

次の①〜④について，適切な説明に○をつけなさい。（正解はp.64）

（　　　）① SNSは他人と気軽に交流するサービスなので，日常の事をなんでも書き込むのがよい。

（　　　）②犯罪自慢としか受け取れない動画を見つけたので，SNSで拡散した。

（　　　）③発信した情報は，削除できないと考えたほうがよい。

（　　　）④日本でも「忘れられる権利」にもとづく法律が存在する。

 ヒント 不用意な書き込みや，掲載した写真が長期に渡って生活に悪影響をおよぼす場合もある。

ネットオークション

ネットオークションでのトラブル例，転売屋

レナは，ネットオークションを使って，人気のゲーム機を購入しました。みんなに見てもらおうと学校へもってきたのですが，思いがけないことがわかってしまい…

解説

❶**ネットオークション** インターネットを利用した通信販売で，オークション形式を取り入れたもの。個人でも参加しやすくなっており，次のような利点がある一方で，問題点も指摘される。

利点①自宅で気軽に購入できる。
②お店よりも，安価に入手できることがある。
③お店には売られていないような商品が出品されることがある。

懸念①無計画な購入をしてしまう危険性。
②代金を振り込んでも商品が届かない危険性。
③偽物や不良品をつかまされる危険性。

❷**落札** 出品された商品に対して，もっとも高い値段をつけ，その商品を購入する権利を得たことをいう。商品を落札した時点で，売買契約が成立している。そのため，落札したのに購入手続きをしないと，売買契約を守っていないことになる。

❸**転売屋** 自分自身が利用する目的がないにもかかわらず購入した商品を，ほかの人へ販売して利益を得ることだけを目的にオークションサイトなどを利用するユーザのこと。このような出品者からの購入には注意が必要といえる。

 ワンポイントアドバイス インターネットオークションでは，相手が信頼できる出品者かどうかが大きな意味をもつ。購入する前に，過去の取引履歴や評価などを参照し，転売行為を繰り返すような悪質なユーザでないかどうか，可能なかぎり確認しよう。

ここに注意 !

●ネットーオクションと転売屋

①転売屋

転売屋は，近年，社会問題になっている。たとえば，利益を求めて大量に商品を購入することで，商品がますます入手しにくくなったり，価格が上昇するからだ。また，買い占めに走ることで重要な商品が不足してしまい，社会に大きな悪影響を与えることもある。

②転売屋かどうかはどう判断すればよいだろうか

出品者は，古物免許を取得しているだろうか。出品説明が，毎回，不要品の処分などの文章を繰り返してはいないだろうか。転売目的で販売していることがうかがえる出品者は，大量の商品を販売しているにもかかわらず，あくまでも個人としてのスタイルでの出品を装っている場合が多い。

このあとどうする ?

レナが転売屋と疑われる人物から購入したことは，明確に違法とはいえない。しかし，世の中にとって重要な品物で，なおかつ不足しているような物だった場合，それを転売屋から購入することは，社会全体の利益に反するという視点をもっておかねばならない。購入するときは「欲しい」という気持ちだけでなく，そうした視点をもつことを忘れないようにしよう。

ひとこと

転売に関わる法律

転売行為は，法（チケット不正転売禁止法・国民生活安定緊急措置法など）で明確に禁じられた品物（酒や薬なども含む）でなければ違法行為ではない 。ただし，継続して品物を販売する場合は，最寄りの警察署に古物免許を申請する必要がある（古物営業法）。

考えてみよう ▶

問題があるのは，どのような転売行為だろうか。

オークションと個人情報

取引相手の個人情報を悪用し，架空請求やワンクリック詐欺などの犯罪をおこなう集団へ売却することで利益を得ている者もいるといわれている。そのため，個人情報を明らかにしないまま取り引きができる**匿名取引**（とくめい）などの機能を用意したオークションもある。

オークションでのトラブルの例

- **偽物送付**…偽ブランド品や品質に問題のある商品を送ってくる。
- **乗っ取り詐欺**…不法に入手したパスワードを使って他人のアカウントで出品し，代金をだましとる。
- **無在庫販売**…落札されてから商品を購入して転売するもので，商品が調達できずにトラブルになる。
- **出品詐欺**…はじめから，商品を送るつもりはなく，代金をだましとる。
- →被害にあったときは，オークション運営会社の保障制度を利用できる場合がある。

次のようなことがあったら…。気をつけよう！
- 急に悪い評価がたくさん入っている。
- 同じ商品を安く大量に出品している。
- 早く入金をさせたがる。
- 急に高額な商品をたくさん出品している。
- →取引時のメッセージが攻撃的な場合は，その利用者の過去の取引履歴の評価などを確認してみよう。そのような言動が原因で，悪い評価がついていることが多い。

問題

インターネットオークションを利用するときの注意点として適切なものに○をつけなさい。（正解は p.64）

（　　　）①出品時の画像に同じものが何度も使用されていないか，他の出品物などと照らして確認した。

（　　　）②転売屋と思われる出品者を発見したので，質問欄で注意した。

（　　　）③ほかの商品よりもはるかに安価に出品されている商品があったので，すぐに入札した。

（　　　）④悪質な転売屋らしい出品者を見つけたので，みんなに注意をうながすために SNS に詳しく書いた。

 ヒント　個人どうしの取り引きは，基本的に自らの責任においておこなうものである。自らがきちんと取り引きに関する法律やルール・マナーなどの知識を理解していなければならない。

キュレーション系コンテンツ

アフィリエイト，「いかがだったでしょうか」

リョウスケは部活で使用するバスケットシューズを購入することにしました。インターネットで調べて評判のよいシューズを購入しようとしたのですが…。

解説

❶いちばん上にきているサイト　検索サイトは，結果結果の上位に表示するものをアクセスの多さを基準に決める傾向もある。内容が不正確でもSEO（→ p.17）によって検索結果の上位に出現させようとする情報発信者が増え，正確な情報へ到達することが難しくなりつつある。

❷いかがだったでしょうか　キュレーション系コンテンツなどとよばれ，広告収益を得ることを最大の目的にしたコンテンツでは，情報の信憑性よりも，利益の確保が目的になっていることが多い。ブログ，動画やSNSのアカウントがそうした目的で運用されていることもある。

❸評判とぜんぜん違う　②のようなコンテンツでは，広告のリンクが設けられているものが多い。そこから商品が売れた場合，謝礼として一定の金額を受け取ることができる**アフィリエイト**というシステムを利用している。誰でも簡単にはじめられ，うまく宣伝できれば一定の利益を得ることも可能である。しかし利益だけが目的になり，紹介されている商品の安全性など，実際には確認していないまま情報発信しているケースも多く，なかにはサクラのレビューやランキングを書くための業者も存在しているなど，懸念される点も多い。

ワンポイントアドバイス　収益が目的になっているコンテンツのすべてに，信憑性の問題があるわけでない。閲覧するときは「発信者が何を目的に情報発信をおこなっているのか」ということも考えてみよう。

ここに注意！

● ★★★★★＝信憑性が高い？

①そのレビュー，本当？

ランキングや使用感などを解説しているコンテンツは，Webサイト，SNS，動画などたくさんあるが，実際に商品を購入しないまま，アフィリエイト収入のためだけに作成していることもある。

②検索の上位に出ている情報＝信憑性が高い？

SEOにより検索結果の上位に出現させる方法はたくさん存在し，むしろおこなっていないコンテンツが上位に出現するのは難しくなっている状況もある。

③信憑性をどう判断すればよいだろうか？

収益確保が目的になっている場合は，信憑性をおろそかにしていることがある。このようなコンテンツはテンプレートを用いて制作時間を短縮しているため，「いかがだったでしょうか？」などの言い回しをよく用いるなど，同じような特徴をもっている。

ダイエットなど
自分の健康に関することは，
出典や根拠などが明確に
なっているものをさがす
ように，とくに心がけよう。

このあとどうする？

ネットの情報を信用した場合は，基本的に自分の責任となる。安易に信用するのではなく，さまざまな方法を活用し「その情報は本当に信憑性が確保されているものなのか」ということを確認した上で行動しなければならない。

たとえば今回の場合は，商品を発売している企業の公式Webサイトをさがして確認してみたり，検索サイトで逆に悪い評判をさがしてみたりするなどして，購入するシューズがほんとうにちゃんとした商品なのかを事前に確認することなどができただろう。

■ 考えてみよう ▶

より正確な情報をつきとめるには，どういう方法があるだろうか。

キュレーション系コンテンツの見分け方

いかがだったでしょうか…キュレーションサイトは，コンテンツの最後にこうした文章を使用していることが多い。動画などでも（すべてが悪質なものではないが），収益に誘導するケースは多い。

同じようなデザイン…制作時間を短縮するため，あらかじめ用意されたテンプレート（ひな形）を使用していることも多い。したがって，どのサイトも似たようなデザインになってくる。

ランキング…「TOP ○位」という形で比較するサイトなども多いが，実際に商品を購入せずに，ほかのWebサイトなどから文章を流用したり，盗用したりしてコンテンツを制作していることがある。

アフィリエイト広告…広告収入を確保するために，コンテンツのさまざまな箇所に広告を掲示していることが多い。広告の数が多いコンテンツには，注意が必要。

「○○○　おすすめ」…検索の際に，候補のなかに「おすすめ」という言葉が入って候補が出現するが，それを用いて検索すると，結果がキュレーションサイトだらけになってしまう傾向が強い。

問題

キュレーションサイトを利用するときの適切な態度に○をつけなさい。（正解は p.64）

（　　　）①ランキングの上位にある商品なので，迷わず購入した。

（　　　）②Webサイトで話題になっているダイエット食品を買おうと思い，いろいろ調べようと検索したが，広告しか見つからなかったので買うのをやめた。

（　　　）③質の高い情報ほど，検索結果の上位に表示される。

（　　　）④見やすいデザインのWebサイトは，必ず信憑性も高い。

 ヒント　キュレーションサイトを見分ける力は，情報の信憑性を判断する力と通じるものがある。日頃から，さまざまな観点から情報を確認する習慣をつけよう。

事例 22 ネットストーカー

被害を受けないためには，ストーカー規制法

クラスメイトたちとオンラインゲームをしていたリョウスケ。共同プレイ中にミスをした友人に不満を漏らしたところ，別の友人から注意を受けてしまい…

💬 解説

❶**このヘタクソ！** 言い方にもよるが，ネットで不満を漏らしたり，それに対して注意してきた友人へ不快感を覚えたりすること自体は，望ましいことではないが違法ではない。

❷**許さないぞ** ただし，不快だからと，長期に渡り執拗に相手に対してメッセージを送り続けることは，ネットであってもストーカーのような違法行為になる。コミュニケーションは相手との意思疎通が成立しておこなうもので，一方的に自分の意思を伝え続けることは，現代社会では許されない行為になりはじめていることを理解する必要がある。

❸**ネットストーカー** どのような思いであれ，自分の意思が通じないことを原因として相手に執拗につきまとうことは，恋愛問題にかぎらず違法行為でありこれを，ネット上でおこなう人を**ネットストーカー**とよぶ。ネットの登場で，いつでもだれにでも連絡を取ることができるようになったが，相手と関係性に応じて，ネットでも適切な距離感を維持することの重要さがいわれている。今回のリョウスケのケースでは，クラスメートたちが彼を注意しなければ，このような行為をさらに繰り返した危険性は高かっただろう。

ワンポイントアドバイス ネットであるかどうかではなく，日ごろから他人に対して自分の意思を伝える練習は必要である。まったく伝えなかったり，一方的だったり大量に送りつけたりする人間関係にならないようにする努力が，日常から必要だ。

ここに注意 ❗

● どこからがネットストーカーか

① 何度もメッセージを送り続ける

法律上は「同一者に対し，つきまとい行為を繰り返しおこなうこと」をストーカー行為とし，2013年の改正で電子メールの送信が含まれるようになり，2016年の改正でSNSなどでの行為も含まれるようになった。また法律では男女関係だけを規定しているわけではなく，「その他の好意の感情または，それが満たされなかったことに対する怨恨の感情を充足する目的」と規定される。つまり，相手が連絡を拒否しているにもかかわらず，その意思を無視する場合は，おおむねこれにあてはまると考えてよい。

② ネット上のつきまとい

特定のアカウントの言動を逐一監視したり，SNSで長期間エアリプ（→ p.40）をおこなったり，相手が新しいネットサービスを利用するたびに自分もそこに登録したり，ブロックされても別のアカウントでつきまといをおこなったりするなどの行為をさす。ささいなことから長期間に渡ってこうした行為をおこなう者もあり，右のような違法行為となる場合もある。こうした行為をネット上では**粘着**とよぶこともある。

法律では？ ⚖

ストーカー規制法

次のような行為を**つきまとい**としている。

・尾行し，つきまとう。
・行動先でまちぶせする。
・自宅や職場，学校に押しかける。
・監視していることを伝える。
・大量のメールやメッセージを送りつける。

これらの行為は，2013年と2016年の法改正で，インターネット上の行為も含むようになった。

考えてみよう ▶

自分の住んでいる都道府県での迷惑防止条例は，どうなっているだろうか。

このあとどうする ❓

文字だけで自分の感情を相手に伝えることは，非常に難しい。とくに，怒りや悲しみの場合は，きわめて困難である。一度こじれた人間関係を，本人たちだけで解決するのは非常に難しく，第三者を間に交えて話し合うなどの方法もあったといえる。

また，本来であればささいなもめごとで終わったことを，ネットのトラブルへ発展させてしまうと重大な事件へ発展したり，長期間に渡って影響を与えたりする結果になる危険があることを理解しておく必要がある。

被害を受けないためにはどうすればよいか？

・**フォローは慎重に** 一度されたフォローをはずされることを嫌がる人は多く，フォローの解除がトラブルの原因になることもある。
・**これまでの言動を確認しよう** 知らない相手とかかわるにあたって，日ごろから炎上の話題をおもしろ半分に拡散したり，攻撃的な発言を繰り返しているユーザと接点をもつのは危険である。
・**粘着質な相手とかかわった場合** 不用意に相手の発言や主張を否定したり，注意しないほうがよいだろう。危険を感じたからと，急激に距離感を開けると，かえって粘着行動を悪化させることにもつながりかねない。
・**ブロック機能は最後の手段** ブロックすることで，相手がますます憤慨（ふんがい）することがあり，別のアカウントを使ったり，ログアウトしたりして追跡してくるケースも多い。不快なときは，ミュートなどの「相手の発言を閲覧しない機能」の利用からはじめるのがよいこともある。
・**自分がブロックされたら** 思うことはあるだろうが，相手を追跡したり，エアリプなどの行為をおこなうべきではない。

問題

インターネット上で人とかかわるときの姿勢として，適切な説明に○をつけなさい。（正解は p.64）

（　　　）①間違った意見の人を見つけたので，正してあげようと思い，ダイレクトメッセージを送信した。
（　　　）②相性のあわない人と無理してつきあう必要はないので，ブロック機能を積極的に活用する。
（　　　）③いつも趣味の話題で仲良くしてくれている人が，めずらしく別の人を非難する発言をしていたので，ダイレクトメッセージで「あれは，言いすぎじゃないか？」と注意した。
（　　　）④ふだんからSNSで同じ趣味の人をさがしては，すぐにフォローするようにしている。

 ヒント　さまざまな価値観をもった人が，インターネットを利用している。自分自身が簡単に変われないように，他人のことを簡単に変えることも難しいことを理解しておく。

23 ネットでの人づきあい

ネット世間，SNS アカウントの「終わらせ方」

大学に入学したリョウスケ。新生活を前に心機一転，SNS アカウントを削除することにしたのですが，つながりのある人たちは，突然いなくなった彼に大混乱してしまい…

🎧 解説

❶さよなら X SNS をやめることそのものに問題はないが，リョウスケのように突然アカウントを削除すると，それまで親しくつきあっていたネット上の友人や知人が混乱したり，悲しむ結果になることもある。苦痛を感じてまで SNS のアカウントを維持したり，無理して会話をあわせるのも，健全な人間関係とはいえないが，今回のリョウスケのケースでは，とくに親しい人物に，前もって DM（ダイレクトメッセージ）などで伝えておくのがよかったかもしれない。万が一にそなえて，自分が SNS を「どのように終わらせるのか」は，考えておく必要があるだろう。

❷どうした？ 考えておかなければならないのは，自分がアカウントを削除する理由である。前向きな理由（進学・就職・結婚など）がきっかけという場合は問題ないが，今回のリョウスケのように，過去の誹謗・中傷や攻撃的な発言を繰り返した結果，自ら居心地を悪くしてしまって嫌気がさしたり，後ろめたさを感じてやめざるをえなくなるという展開でアカウントを削除するケースは，望ましい形とはいえないだろう。彼の場合，日頃からとても他人には見せられない発言をネット上で繰り返していたということの証でもある。

ワンポイント アドバイス オープンなネット空間の発言は基本的に世界に公開され，記録にも残る。したがって，将来にわたって自分の発言が自分を苦しめることのないように，よく考えて書き込むようにしよう。

●SNS時代の人付き合いは…

①ネットの人間関係＝バーチャル？

そうだろうか？現代ではクラスメートとLINEでつながっているケースは多く，ネットの人間関係はリアルと地続きになりつつある。たとえば，学校でのトラブルはLINEのトークなどへ波及するだろうし，その逆も十分にありえる。また，同じ趣味や嗜好で学校外の人とつながるのも一般的になった。したがって「ネットだから」という考え方は通用しなくなりつつあり，通常の人間関係と同じように相手に配慮する姿勢をもつようにしよう。

②ネット世間の時代

SNSはそれ以前のネットサービスとは異なり「匿名性の薄いサービス」といわれる。プロフィールや写真，日常の発言などから，アカウントを運営している人物の性格や趣味や好みなどはある程度把握が可能である。したがって，ネットの人間関係は匿名の利用者どうしの一時的な会話ではなく，現実の人間関係と同じようなものへと移り変わりつつあることを理解しなければならない。

ひとこと

死後のアカウント管理

近年では，利用者が亡くなって，管理者不在となっているWebサイトやアカウントがあらわれはじめている。また，亡くなった事実をSNS等で告知し，Web上で故人（こじん）を追悼（ついとう）する行為も見られるようになった。

たとえばFacebookには，追悼アカウント機能というものが用意されている。これは，万が一の場合にそなえて，自分が死んだ後のアカウント管理者を指定しておき，そのときがくれば，指定された人が，亡くなった人のアカウントを追悼モードに切り替え，そのユーザが亡くなったことを周囲へ通知するという機能である。

このあとどうする ?

SNS以外の連絡手段がないならば，もはや連絡を取るすべがない。もし，何かしらの方法で困惑している親しい友人がいるのなら，すぐに連絡を取るのが望ましい。このようなことにならないためにも，SNSの利用をやめる場合は事前に，親しい友人にだけでも伝えておくのがよかった。

考えてみよう ▶

自分が利用しているSNSのアカウントの「終わらせ方」には，どのようなものがあるだろうか。万が一の場合や，何かしらの理由でアカウントを削除するときに，どう行動するか考えてみよう。

黙っていなくなって，ごめんなさい。

一言くらい言ってよ！びっくりするでしょ！

モラルを守ってコンピュータを正しく使わないとね。

私も気をつけなくちゃ。

もっと勉強しよう。このことは社会に出てからも大事だよ。

問題

インターネット上で人とかかわるときの姿勢として，適切な説明に○をつけなさい。（正解はp.64）

( ) ① SNSでけんかをしたので，自分のアカウントを削除した。

( ) ②同じ趣味をもっている人を見つけたので，仲良くなろうと思い，すぐに自分の個人情報を伝えた。

( ) ③不快な発言を続けてする人がいたので，その人の発言が自分に見えなくなるようにミュートした。

( ) ④同じ趣味の人を見つけたので，その人の発言にはすべて「いいね」をするようにした。

 ヒント　ネットの人づきあいを軽んじたり，日常生活のそれよりも軽いものととらえるのではなく，同じようなものとして考えるのが必要な時代となりつつあることを忘れてはならない。

こんなとき Q&A

まとめサイトに関する事例

Q 1 「公益性」を考えよう
まとめサイトは，なんのためにつくられているのですか？

A 1
　公益性とは，広く社会全般のためになることをあらわすと考えてよいでしょう。さて，「まとめサイト」を名乗るコンテンツを見るときに考えておかなければならないのは，まとめられている情報には公益性があるのかどうか，ということです。たとえば，政治や社会問題，重大な事件などを扱っているなら，公益性があると考えられます。しかし，「まとめサイト」では，個人間のもめごとや，ささいなトラブルを扱っているものも多くあります。そのようなまとめは，社会全体のためになるのかどうか，考える必要があるでしょう。「まとめサイト」は，そこに貼られた広告による収入を目的につくられていると考えられます。個人間のもめごとを，収益目的でおもしろ半分に取り扱うコンテンツを閲覧することは，炎上に参加するのと同じようなものであるという自覚をもちましょう。

Q 2 ネットに飛び交う不思議な表現
まとめサイトのコメントに「草」「ﾜｲ」等と書いてあったのですが，意味がわかりません。

A 2
　ネットに書き込むときには，直接的な表現をさけてあいまいな言い方や遠回しな表現がされたり，何かのコンテンツから発祥したおもしろい言い回しをそのまま使用しているケースがよくあります（ネット用語，ネットミーム）。相手の人格を尊重することはもちろんですが，いつでもどこでも堅苦しい表現をするのではなく，こうした言葉を使うことによって円滑なコミュニケーションがおこなえる場合もあります。ただし注意しなければならないのは，当然ながら悪意をもって利用してはなりませんし，相手が不快になるリスクもあるということを重々把握した上で，注意して利用するようにしましょう。

ネットミームの例
バズる　拡散する，炎上するの意味でも用いられる。バズ(buzz)は，騒音や，がやがやした状態をあらわす擬声語で，意味がよく知られていないのに流行している語は「バズワード」とよばれている。

草　「(笑)」や「ww」のように使われることもある。wwが草が生えているように見えるのが由来。「草生える」「それは草」などという使い方もある。

マ？　「それはほんとうか？」（マジか？）の略。

映える　目を引く，注目される，きれいに見えるなどの意味。Instagramでかっこよく見えることを「インスタ映えする」とよばれたことから派生した語。

Q 3 どうして…
なにも書いていないのに，どうして，個人を特定できるんですか。どこかにスパイがいるんですか。

A 3
　ネットに書き込んだ個人情報は，どんなにささいで断片的なものであっても，それをひたすら収集して分析し，組みあわせていくことによって，個人を特定することは可能になります。たとえば，あなたが訪れた場所に関して書き込みを続ければ，それらを収集し地図で分析することによって，行動パターンが見えてきますし，学校のことや友人のこと，部活動のことなどについて書き込みを長く続けていれば，1つ1つはわずかな情報でも，組みあわせることによって，どこの学校の生徒なのかがわかるようになるものです。とくにSNSは，利用する期間が長ければ長いほど，自分についての情報を書き込んでいくわけですから，ほとんどのSNSユーザは特定される危険を潜在的にもっていると考えるようにしましょう。

Q 4 まとめサイトは永久に不滅です…か？
一度拡散した情報を消すのは困難とのことですが，まとめられてしまったら，もうおしまいなんですか。

A 4
　Webサイトを定期的に確認し，自動的に複製記録を残すサービスや，WebページやSNSの画面をもとの状態や設定を保持したまま保存する，魚拓サイトとよばれるサービスもあります。こうしたサービスは，元のページが削除されてもその情報を参照できる便利なものですが，悪意をもってこれらのサービスを利用し，プライバシーや個人情報を複製・拡散された場合は，たいへんなことになります。大量のコピーが出回り続けることになりますので，すべてを削除することはかぎりなく難しいでしょう。それらの情報がインターネット上に残り続け，将来の進路決定などに大きな影響をおよぼす可能性もあります。近年ではこうした現象により被害を受ける人が少なくないことから，法の整備も少しずつ進むようになりました（プロバイダ責任制限法，2021年4月改正，2022年10月施行）。近い将来，新しい法律がつくられ，対応できるようになる日がくるかもしれません。ヨーロッパでは「忘れられる権利」という考え方にもとづき，検索サイトから，こうした情報の検索結果を削除する流れが広まりつつあります。

ネットオークションに関する事例

Q5 転売は悪いことなのか

そもそも商売は，転売みたいなものだと思いますが，転売行為のどこがいけないのか，わかりません。

A5

転売そのものは，犯罪でも迷惑行為でもありません。たとえば，スーパーマーケットなどは，安く仕入れた商品に利益をのせて販売するわけですから，転売そのものは社会のさまざまなところでおこなわれているということは，理解しておく必要があります。

Q6 こえてはならぬ一線を

やってはならない転売ってどんなことですか。

A6

どこからが許される転売で，どこからが許されない転売なのかというのは，そのときの社会情勢などによって変わるので，明確な基準はありません。また，法律が定めている「禁止された転売行為」というのもあまり多くありません。そこで重要になるのは，その転売が，公益性から逸脱していないかどうかということです。インターネットの普及で，個人でもネットオークションサイトなどを使って売買ができるようになったことは，情報化がもたらす光の面といえます。しかし，たとえば限定商品を買い占めて，そこに利益を上乗せして転売することはどうでしょうか。買い占められたことによって，本来の価格で買えなかった人にとっては，大きな被害が生じることになります。これは，公益性を考えない転売行為ということになるでしょう。

キュレーション系コンテンツに関する事例

Q7 わたしはお金を払っていません

お金儲けのために運営されているそうですが，ネットからお金をどうやって得ているのですか。

A7

いろいろな方法がありますが，コンテンツの中に広告を表示し，それを見た人が広告をクリックしてからその商品を購入すると，その商品の利益の一部をもらえるアフィリエイトというしくみを利用しているところが多く見られます。YouTubeなどでは，広告を1回表示させるごとに，決まった金額が動画を投稿した人に支払われるしくみが使われています。アクセスの多い動画は広告による収益も増えますから，たくさん見てもらえるような動画をつくることができれば，YouTuberなどとして生活ができるようになることもあるわけです。

Q8 サクラが満開

キュレーション系コンテンツは，すべて信用できないのですか。

A8

そんなことは，ありません。専門家に記事を依頼し，内容を確認したうえで公開しているサイトもあります。そのようなコンテンツの内容は，公的機関や大学のWebサイト，書籍や論文などを根拠として示し，論理的に読みやすい構成でつくられており，信憑性が高いものであると考えられます。

それに対して，SNSからの引用が多用されていたり，長々と書かれた文章であっても，結論がわからないようなコンテンツに関しては，あまり信用することはしないほうがよいかと思います。そのようなコンテンツでは，まるで機械で自動的につくったかのように，毎回同じような展開や文章を用いる傾向が見られます。何度も見ているうちに，「いかがだったでしょうか」などの特徴的な言い回しなども含めて，特徴が理解できるようになるでしょう。

Q9 コンテンツは見た目が9割…

問題のあるキュレーション系コンテンツは，どのように見分ければよいのでしょうか。

A9

内容に問題のあるコンテンツには，「正確な情報をみんなで共有しよう」といった公益性よりも，アフィリエイトなどによる収益を目的にしてつくられているものがあると考えられます。制作する側は，多くの人にアクセスしてもらうために，SEO（⇨ p.17）によって検索結果の上位に出現させようとします。その結果として，検索結果の上位には問題のあるコンテンツばかりが表示されてしまうということも見られるようになっています。対策としては，検索結果の前半をあえて閲覧しないようにする方法や，NOT検索を利用してキュレーション系コンテンツを提供するURLを表示させないようにする方法などがあります。また，Google検索に手を加え，このようなキュレーション系コンテンツやまとめサイトなどを検索の結果から排除するようにしたノイズレスサーチ[1]とよばれるサービスを利用する方法もあります。

Q10 なにを信用すればよいのやら

問題のありそうなコンテンツかどうかを見分ける力は，どうやったら身につけられますか。

A10

簡単には身につきません。情報の信憑性を見分ける力と通じるものがあるからです。大事なことはいくつかありますが，はじめに「検索すれば，なんでも世の中の疑問が解決する」という考え方を捨てましょう。

[1]http://pasokatu.com/nsearch

世の中には，インターネット以外にもたくさんの情報源が存在しています。インターネットの情報ですべて解決しようとするのではなく，あくまでも補助的なもの，調べるためのきっかけのようなものととらえて，インターネットを利用しましょう。自分で図書館に行って専門的な書籍をさがしてみたり，専門家にコンタクトをとって教えてもらったりしなければ，ほんとうに重要なことはわからない，という態度で利用しないと，ネット上のあやまった情報に簡単にだまされてしまうかもしれません。

また，文章を読み解く力も重要です。長い文章を読む力がないと，そこに書かれていることを読み取ることができず，大量の文章に圧倒されて「長い文章が書いてあるからほんとうのことなんだろう」と受け止めてしまうことになりがちです。文章量が多くても，ほんとうのことが正確に，詳しく書かれているとはかぎりません。AI技術などを活用すれば，たいした中身のない長い文章を作成することも可能になっています。一見すると長くて，もっともらしい文ですが，よく読んでみるとまったく意味不明な長文になっていることも多いのです。日ごろから，活字を追って本を読む練習などもする必要があるでしょう。大量の文章をしっかりと読むことができるなら，質の悪いキュレーション系コンテンツに簡単に騙されることは，ありません。

ネットストーカーに関する事例

Q 11 誰だ，誰だ，誰だ　ネットの闇に踊る影
ネットストーカーとはどのような人たちですか。

A 11
何かしらのことに憤慨し，ネット上で特定の人に長期間つきまとう人のことをさします。いつごろからあらわれたのかは，はっきりとはわかっていませんが，少なくとも21世紀のはじめころにはすでに，こうした行動をとるようなユーザが存在していたようです。とくに，犯罪行為をおこなって処罰されたとしても失うものがなにもない「無敵の人」とよばれるような人とトラブルになると，長い間に渡って，苦労することが懸念されます。その背景には，金銭的に困窮したり，社会的に孤立を深めていたりすることもあるようなので，さまざまな面からの社会的なサポートが必要になると考えられます。

実際にストーカー行為をおこなうことはそれなりにたいへんですが，インターネットが舞台になるとそこまでの苦労を必要としないことから，ストーカー行為をしてしまいやすいとも考えられます。また，ストーカーとまではいかなくても，特定の人から「しつこい」などと思われていないか，ときどきは自分自身の行動を見直してみるものよいでしょう。

Q 12 意志の上にも残念
つきまとわれる期間はどのくらいなのでしょうか。

A 12
さまざまなケースがありますが，10年20年という長期間に渡って，特定のユーザに対してのストーカー行為を続けるという悪質なケースもあります。相手によっては，ターゲットにされた場合になかなか逃れられない場合がある，という現実があります。また，1対1のもめごとでとどまらない場合もあります。ストーカー行為をはたらく人の憤慨に賛同して積極的に協力する人もありますし，もめている双方ともつきあいのある人が，不用意にさまざまな情報を漏らしてしまうこともあります。そのようなことがきっかけで，ひとまず収まったように見えるトラブルが，ふたたび炎上することも見られます。

Q 13 そこに炎上があるからだ
そもそも，ネットでストーカー行為をする人は，なぜ，そんなことをするのでしょうか。

A 13
原因としてはさまざまなことが考えられますが，炎上に参加する人の心理と近い部分があると考えてよいでしょう。

たとえば，強い正義感をもっているケースがあります。相手の態度や発言内容が間違えているとし，それを正してあげることが正義である，と思い込んでいるわけです。相手に，間違いを認めさせようとしているうちに，一線をこえてしまうことがあるわけです。また，そのときに口論になって，侮辱されたと受け止め，激しく立腹するというケースもあります。

また，ストーカー行為をはたらく人の中には，学校や仕事，家族や友人関係など，私生活に不満が蓄積しているケースがあります。そのような場合は，本人が幸せにならないかぎり，止めることができないでしょう。法的な処罰だけでなく，ストーカー行為をはたらく人へのサポートなども，社会的な課題になってくると考えられます。

もしも，あなたが，ネット上でのコミュニケーションにおいて，どうしても強く執着してしまいたくなる相手がいるならば，すこし冷静になって自分の生活状況などを見直し，だれかに意見を求めてみるのもよいかもしれません。

Q 14 備えあれば憂いなし
つきまとわれたらどうすればよいでしょうか。

A 14
トラブルがもとでターゲットにされたと考えられる場合は，まず，まったくトラブルに関係のない人に意見を求めるなど，相手が憤慨している原因を考えて対

応してみましょう（⇨ p.53　A18）。

　相手が，謝罪しても許してくれず，身勝手な理屈によって迷惑なストーカー行為をやめようとしない場合は，警察に頼ることになります。このとき，自分が置かれている状況を冷静に説明できるような証拠や資料を用意しておきましょう。たとえば，トラブルの発生から，迷惑を受けるようになった過程を，順を追って説明できるようなものがあるとよいかもしれません。また，ストーカー行為をはたらく人から，脅迫めいたメッセージが送られてきたり，SNSなど多くの人が目にする場で，ひどいことを書かれたりうその情報を流されたりしたのであれば，それを読み直すのはつらいかもしれませんが，画面を保存しプリンタで出力したものを用意しておくと，説明がしやすいでしょう。先に保護者とともに弁護士さんなど専門家に相談し，いっしょに行ってもらうようにすれば，より親身になってくれると思います。

Q 15　警察にも苦手はある
弁護士事務所に相談するのは，警察に相談するよりも敷居が高く感じます。
A 15

　ネット上での事件に関して，殺害予告や爆破予告などにくらべると，誹謗・中傷についての事例は扱いが慎重になるようです。また，ストーカー行為をはたらく相手に対して，インターネット上で不用意に反撃をおこなうと，どちらが加害者で被害者なのかを判断するのがむずかしくなるという面もありますので，弁護士さんなど法律家へも相談するのがよいでしょう。

ネット時代の人づきあいに関する事例

Q 16　人づきあいの基本は
ネット上では，いろいろな人と，どのように付き合っていけばよいのでしょうか。
A 16

　現実の社会において，学校での友人や，学校以外でかかわる人たちと同じように付き合うことができるのが理想です。SNSにおいてもごく自然に気を使うことができる人は，おおむね評判が悪くなることはありません。これは，実際の社会と同じことであり，そういうことができる人には，さまざまな人とのよい出会いのチャンスがあるでしょう。

　逆に，まわりの人を批判するようなことばかり発言したり，話の流れなどを無視して自分のことばかり語りたがるような人は，ネットという世間において評価が下がっていく傾向があります。そのような「ヤバいアカウント」にならないように，気をつけましょう。現実の社会では穏やかでも，ネット上では性格が豹変（ひょうへん）したようになる人を見かけることもありますが，その

ような態度でいても，よいことはありません。
　SNSの使い方に，正解というものはありません。誰にでも通用する完璧な人付き合い方法がないように，100% 誰からも正しいと認められるようなSNSの利用方法というのもありません。

Q 17　時代はネット世間
ネットはあくまでも仮想的な空間だと思います。現実社会と同じものとして考える必要があるのですか。
A 17

　あなたはクラスメイトとLINEなどのサービスを利用して，日常的につながっていると思いますが，そこでのやり取りは「仮想」のものでしょうか。そこから考えればわかると思いますが，いまやインターネットは重要なインフラ（インフラストラクチャー＝社会に不可欠な基盤）となっています。したがって，インターネットは現実社会の一部となっており，仮想の空間とは考えにくくなっています。たとえば，炎上によって人生に悪影響をもたらす現象からもわかるように，インターネット上でのふるまいが，実際の生活や人生に影響を与えるケースがあるわけです。現実の世間と同じように，「ネット世間」とよべるものが存在しているという認識が必要です。いまはまだ，「ネット世間」は現実の世間があってこそのものだと見なされているようですが，いずれ，「ネット世間」と現実を区別して考えることそのものが通用しなくなる時代が訪れるでしょう。そうなると，友人との人間関係がはじまったのが「近所だった」「同じ学校だった」「SNSだった」というくらいの違いしかなくなります。みなさんが社会人として活躍するようになるころには，すでにそのような社会が到来しているかもしれません。

　インターネット上でのふるまいも，学校生活や日常生活と同じように，マナーやモラルを守るようにしましょう。

Q 18　ネットの知り合いも現実の知人と同じ
ネットの知り合いとリアルの知り合いは，どちらをだいじにするべきですか。
A 18

　街なかでいきなり，罵詈雑言やタメ口で話しかけてくる人と出会ったら，あなたはどのような対応をするでしょうか。普通に考えて，かかわりあいになってはいけない人だという判断をするのではありませんか。初対面の人と会うとき，きちんと敬意を払って対応すれば，きちんとコミュニケーションが成立するものです。したがって，インターネットでかかわることになる人に対しても，現実社会と同じように，敬意をもって対応をすることが重要でしょう。

第1章　ネットワークコミュニケーション

1 SNS について述べた次の文を読んで，空欄にあてはまるもっとも適切な語句を，あとの語群から選びなさい。

　（　1　）は写真の投稿が中心の SNS で，気に入った写真に（　2　）をつけることはできるが，自分のフォロワーと（　3　）することはできない設定になっている。最近では（　2　）の数を意識するあまり，マナー違反をしてまで写真を撮ったり，危険な場所で撮影して命を落としたりするようなケースもあり，問題になっている。

　（　4　）は，短文投稿サイトとして発展してきた。（　5　）機能を使うことで簡単に情報を（　3　）できるのが特徴であり，このため瞬時に情報が拡散しやすく，不用意な発言が（　6　）につながることもある。

　友人との連絡を取ることをおもな目的としてつくられた（　7　）も，SNS の一種である。とくに（　8　）機能を使うと，友人との情報共有が簡単にできる。しかし，自分の所属する（　8　）から別な（　8　）へ情報が拡散していくこともあるので，完全にクローズドな環境ではない。

【語群】 LINE　Instagram　X　グループ　コメント
　　　　　共有　掲示板　リポスト　「いいね」　炎上

2 次の①〜⑤のうち，SNS を利用する態度としてふさわしいものに○を，ふさわしくないものに×をつけなさい。

①最近までスマートフォンをもたせてもらえなかったので，LINE 友だちを増やすため「友だち自動追加」と「友だちへの追加を許可」をオンにしている。

②Instagram に投稿する写真は，いろいろなアプリやフィルターを利用して，できるだけ盛った写真を使うように心がけている。

③SNS サービスのアカウントを統一して，みんなからの注目を集めるよう心がけている。

④自分では SNS の利用を自制できないので，睡眠時間を確保するためにスマートフォンの充電をリビングでおこなうようにしている。

⑤X での発言は，必ずしもフォローしている人だけに読めるのではなく，ことばを検索すれば誰にでも読むことができる。それはリプライ（@ をつけた特定の人に送るポスト）でも同じことなので，プライベートな連絡はダイレクトメッセージを使うようにしている。

3 次の①〜⑤のうち，オンライン授業を受ける態度として不適切なものをすべて選びなさい。

①オンライン授業中に，友人が居眠りしているようだったので，全員が読めるチャットを通じて注意した。

②復習するために，オンライン授業を自主的に録画している。その日，欠席していた友人がいたので，YouTube に限定公開した。

③オンライン授業に遅刻しないように，いつもに早めにログインしている。

④みんなに顔を見られたくないので，ふだんからカメラをオフにしている。

⑤自分の発言時以外は，音声をミュートにしている。

ヒント
Instagram は，写真，動画の共有に特化した SNS で，フォローしたユーザが公開した写真などを見ることができる。スマートフォンで利用することを想定して，さまざまなフィルタ（写真を装飾する機能）があらかじめ準備されている。

4 次の各文は，利用者の多い①～③の SNS についての便利な点および気をつける必要がある点を述べたものである。それぞれにもっともあてはまると考えられる SNS を1つずつ，番号で答えなさい。

A．便利な点

(1)速報性が高く，公的な機関からの情報も受信できるので，災害時の情報収集にも利用される。

(2)「友だち」として設定した相手だけと，やりとりができる。

(3)写真をフィルタできれいに加工して，そのまま投稿できる。

(4)グループ機能を使えば，情報の共有が簡単にできる。

(5)「今」をさまざまな人と共有できる。

B．気をつける必要がある点

(1)デマや間違った情報が拡散されやすい。

(2)グループのメンバーの追加や削除が誰にでもできるので，いつの間にか知らない人がグループに入る可能性がある。

(3)送った側も受け取った側も「既読マーク」がプレッシャーになる。

(4)ちょっとした失言が広まって炎上を起こすことがある。

【選択肢】 ① X ② LINE ③ Instagram

こんなときどうする ❓

5 次の(1)～(3)のようなやりとりをしたいときには，選択肢にある①～⑤のコミュニケーション手段のうち，どれを使うのがもっともよいと考えられるか，番号を選びなさい。また，理由も答えなさい。

(1)新入生のために，学校の図書室で本を借りるための手続きがどうなっているかを必要に応じて説明したい。

(2)中学生を対象にした学校説明会で，プレゼンテーションと部活動体験会をすることになった。できるだけ多くの人に，開催について知らせたい。

(3)部員に，部活動関係の連絡をしたい。

【選択肢】 ①同時配信型オンライン授業のシステム ② X
③ LINE ④オンデマンド型オンライン授業のシステム
⑤ Instagram

ヒント
どのコミュニケーション手段を選んでも，情報の伝達は可能である。ここでは，もっとも効率がよいのはどれか，という点から考えてみよう。

第2章　情報の収集と発信

1 次の①〜⑤の説明にあてはまるもっとも適切な語句を，あとの語群から選びなさい。

①インターネット上での動画共有サービスのことで，音声付きの動画を自由に投稿・閲覧することができる。

②検索エンジンの最適化のことで，検索エンジンのアルゴリズムをうまく利用して，自分のページの掲載順位をあげようとすること。

③情報の発信者が，受信者の考えを自分の都合のよい向きに誘導すること。

④嘘または嘘を含んだニュースのこと。

⑤普通のアドレスに見えるが，そこに送ると一群の人にそのメールが配送される機能。

【語群】 フェイクニュース　カモリスト　情報操作　SEO
　　　　 メーリングリスト　CEO　YouTube　情報提供

ヒント

検索エンジンのアルゴリズムを利用して，自分のページの掲載順位をあげようとすることを**検索エンジン最適化**という。
Search Engine Optimization

2 次の文を読み，あとの問に答えなさい。

　若者を中心に，テレビよりも YouTube などネットで配信される動画をよく見るという人が増えている。注目される動画を公開する人は YouTuber とよばれ，(ア)高い収入を得る人もあり，「将来なりたい職業」の上位に来る職業になっている。一方で，危険な行為や迷惑な行為により動画が撮影されることもあり，社会的な問題にもなっている。そのような動画を公開してしまった場合には，その後の(イ)炎上を防ぐ対応もたいせつになる。

問1　下線部(ア)で，高い収入が得られる理由を答えなさい。

問2　下線部(イ)では，たとえばどのような対応が考えられるか，答えなさい。

メモ

YouTube や SNS には提携広告を載せることができ，その広告料が YouTuber の収入につながっている。

3 次の①〜③の図は，「電気」と「自動車」の2つのキーワードで検索したときに表示される領域を示している。それぞれの図が示す検索の方法を答えなさい。

4 次の①〜③の出来事は，それぞれ「情報の独占・断絶」，「情報の改竄」，「情報の捏造」，「情報の破壊」のどれにあたるか答えなさい。

①捜査が入りそうになったので，不正な取り引きの記録がはいったパソコンのハードディスクをすべて破壊した。

②政策が住民投票で否決されことについて著名人がテレビで，「高齢者が反対したので否決された。若者がかわいそうだ。」と発言した。実際に高齢者の多くは反対したようだが，高齢者の投票数は若者の投票数の半分だった。

③Web サイトが何者かにより書きかえられ，そこを閲覧した人たちのパソコンがマルウェアに感染した。そこには，ユーザの個人情報を盗むサイトへ誘導するリンクもしくまれていた。

メモ

情報の発信者が，受信者の考えを自分の都合のよい向きに誘導することを情報操作といい，大きく分けて4つのパターンがある。

5 次の①〜④の文で，下線部が正しいときは○をつけ，誤っている場合は正しい語に書き直しなさい。

① <u>Wikipedia</u> は，多くのボランティアによってつくられる「Web 上の百科事典」である。

② <u>プライムニュース</u>とは，嘘または嘘を含んだニュースであり，それを信じて行動すると，さまざまな問題を生じさせる。

③ 自分が賛成している意見をたくさん目にし，それが多数派だと信じてしまう現象を，<u>エルニーニョ現象</u>という。

④ インターネット上で，無料でニュースを掲載しているサイトを<u>コミュニケーションサイト</u>という。

⑤ 出来事に直接遭遇した人やその人から直接話を聞いた人による情報のことを<u>二次情報</u>という。

ヒント
メールの入力画面には，それぞれどのような情報を入力するか決められている。メールを送信するときに必要となる情報としてどのようなものがあるか考えるとよい。

6 次のメール入力画面の①〜⑥には，どのような情報を入力するか，解答群から記号を選んで答えなさい。

【解答群】

ア　メールの本文を記入する。宛先，発信者（自分の名前）を明記する。

イ　ひと目で本文の内容がわかるタイトルを入力する。

ウ　メッセージの送り先のメールアドレスを入力する。

エ　メインの宛先ではないが，メッセージの送り先のメールアドレスを入力する。

オ　メインの宛先ではないが，メッセージの送り先のメールアドレスを入力する。ここに入力されたアドレスは，送られた人以外に表示されない。

送信	下書き保存	破棄

To: ①

Cc: ②

Bcc: ③

件名: ④

📎 添付ファイル

⑤　　　　　　　参照

添付ファイルを追加

⑥

カ　メールといっしょに送信したい画像やワードプロセッサ，表計算ソフトウェアで作成したファイル名を指定する。

こんなときどうする？

7 次の①〜②は，情報発信をするにあたって，問題のある行動である。それぞれの行動について，問題となる点を理由とともに書きなさい。

① YouTube に，よりインパクトの強い動画を投稿するため，ファミリーレストランで 20 人前のハンバーグを注文し，大食いにチャレンジしたが，10 人分しか食べられなかった。代金は支払ったが，10 人分残して帰った。

② Instagram に友人と 2 人の顔写真を自撮りで撮影し，友人の許可も得て掲載することにしたが，友人の顔が日焼けしていたので，画像処理ソフトで加工して掲載した。

メモ
YouTube や SNS では，ひとりでも多くのフォロワーを獲得するために，過激な行動や，ときには法律を無視した行動も見受けられる。そのような行動は，絶対におこなうべきではない。

第3章　情報セキュリティの基本

1 次の①〜⑤の ID やパスワード等に関する説明について，正しいものには○をつけ，誤っているものには×をつけなさい。

①基本的に Web サービスの ID（ユーザー名）には，普段よく使っているメールアドレスを利用している。

②ゲーム機などの豪華賞品が抽選でもらえる Web サイトには，普段から積極的に応募し求められる個人情報を入力している。

③Web サービスのパスワードはそれぞれ別のものを設定しているが，忘れることも多いのでスマートフォンのメモ帳に入力し，そのファイルにパスワードを設定している。

④LAN 教室のログイン時のパスワードが，自動的に3ヶ月ごとの変更を求められるので，最近ではできるだけ簡単なものにしている。

⑤質問に答えるとポイントがもらえるというメールをもらったので記載されていた URL をクリックすると「あなたのペットの名前は何ですか？」「あなたの生まれたところはどこですか？」といった質問が表示されたので入力した。

2 次の文を読んで，①〜⑧の空欄にあてはまるもっとも適切な語句を，あとの語群から選びなさい。

　無線 LAN は，（　①　）によるコンピュータネットワークを構築するための技術として開発された。現在では，（　②　），（　③　），プリンタやスマート家電など，さまざまな機器の接続にも広く使われて，（　④　）ともよばれている。無線 LAN は，（　⑤　）LAN とは異なり，無線通信の傍受を想定した（　⑥　）が必要である。代表的なものとしては，傍受されても第三者にはその内容を理解できないようにする（　⑦　），アクセスポイントの SSID（Service Set ID）を見えなくするステルス化，登録された機器とのやりとりしか許可しないアクセス制御という方法などがある。残念ながら，現在ではこれらの（　⑥　）にはそれぞれ脆弱性が発見されているが，複数の（　⑥　）を併用することで（　⑧　）が飛躍的に高まると考えられている。

【語群】　安全性　　危険性　　OS　　有線　　暗号化　　Wi-Fi　　家庭用
　　　　　ワイヤレス　　スマートフォン　　携帯型ゲーム機
　　　　　セキュリティ対策

3 次の①〜⑤の説明にあてはまるもっとも適切な語句を書きなさい。

①持ち主以外の人が自由にスマートフォンを操作できないようにするしくみ。

②フィルタリングの方式の1つで，健全で有益と思われる Web サイトのリストをつくり，そのサイトしか見せないようにする方式。

③フィルタリングの方式の1つで，有害な Web サイトのリストをつくり，それらを表示させないようにする方式。

④人工衛星から発信される電波を利用して，自分の位置を正確に測定できるシステムのこと。

⑤SNS やオンラインゲームなどを長時間使用することで起こる，朝起きられない，疲れがとれない，自宅にこもってしまうなどの健康被害のこと。

ヒント

フィルタリングには，健全で有益と思われる Web サイトのリストをつくり，そのサイトしか見せないホワイトリスト方式と，有害な Web サイトのリストをつくり，そのサイトを表示させないようにするブラックリスト方式がある。

4 あなたは，自宅の近くにできた巨大複合施設「ニャオン TOWN ショッピングモール」のフードコートにきて，友人と軽食を取りながら休憩している。「今月はスマートフォンを使いすぎたので，残りの通信容量が気になる」という友人のために検索すると，「NYAON TOWN Shopping mall Free Wi-Fi」という公衆無線 LAN らしきアクセスポイントが見つかった。そのアクセスポイントにはパスワードの設定がされておらず，試しに接続すると，右のようなメッセージがブラウザに表示された。

問　このアクセスポイントを友人に紹介する前に，あなたが取るべき適切な行動をいくつか，簡潔に箇条書きで書きなさい。

5 次の①〜⑤のスマートフォンを利用する場面の行動において，「電源をオフにする」，「マナーモードにする」，「法律にふれるので，おこなってはいけない」のうち，どの行動を取るべきか答えなさい。
①学校で授業を受けているときや試験を受けているとき。
②列車やバスに乗っているとき。
③航空機の機内や病院の待合室で待機しているとき。
④自転車や自動車を運転しているとき。
⑤映画館や美術館で作品を鑑賞しているとき。

ヒント
スマートフォンの利用にあたっては，まわりの人への配慮や迷惑をかけない行動を心がけることがたいせつである。その観点からどのような行動を取ればよいか，考えてみるとよい。

6 次の文の空欄に適する語を書き，問に答えなさい。
　インターネット上での(ア)商品売買の代金支払いには，クレジットカード番号や（　①　）の入力を求められる。しかし，クレジット会社や金融機関が本人確認などといって，メールなどでそれらの入力を求めることはない。このようにインターネット上の代金決済ではさまざまな詐欺行為が見られる。具体的には，本物のクレジット会社やショッピングサイトを装って送信したメールに偽のサイトのリンクを貼り付け，パスワードなどを入手する（　②　）や，正しい URL を入力しても偽の Web サイトへ自動的に誘導し，情報をだましとる（　③　）などの手口がある。また，(イ)利用した覚えがないのに一方的に請求書を送りつけてくる（　④　）などの手口もある。
問1　下線部(ア)に関連して，インターネット上の商品売買で，一度クリックしただけでは契約が成立しないことを定めている法律を答えなさい。
問2　下線部(イ)に関連して，このような被害にあったときに相談する都道府県警察の窓口を答えなさい。

ヒント
インターネット上の売買では，**電子消費者契約法**によって売買契約の成立要件などが規定されている。

7 2018 年に民法の定める成人年齢を 18 歳に引き下げることを内容とする「民法の一部を改正する法律」が成立した。この法律の成立により高校生であっても 18 歳であれば，どのような経済行為ができるようになるか。具体的に 2 つ答えなさい。

第4章　個人の責任と法

1 次の①〜④のうち，個人情報が流出する危険性が高いと思われるものを，すべて選びなさい。

①個人情報のデータを保存しているパーソナルコンピュータはネットワークに接続しないようにし，ひとつの USB メモリをデータ移動専用にして，利用者全員がそれを使うようにする。

②個人情報のデータを保存しているパーソナルコンピュータでは正規販売されているアプリケーションの最新バージョンを使うようにし，ウイルス対策ソフトをインストールしてつねに最新の状態を保っておく。

③スマホのアプリは，公式アプリストアのダウンロードページからしか入手しないようにしている。

④キャラクターの人形などに似せた，USB メモリに見えないデザインのメモリを購入し，いつも首からペンダントのようにぶら下げておくようにする。

2 次の①〜⑦の説明文にあてはまるもっとも適切な語句を，あとの語群から選んで書きなさい。

①著作権のうち，著作者の人格的な利益の保護を目的とした権利。

②インターネットなどで写真などの著作物を公衆に送信することを定めた権利。

③CD 制作業者などに認められた，音楽などの著作物を Web ページから公衆の求めに応じて配信できるようにすることについて定めた権利。

④まだ公表していない著作物をいつ公表するか決定できる権利。

⑤自分の著作物を許可なく複製されない権利。

⑥コンピュータへのアクセス権をもたない人が，不正にコンピュータに侵入したりコンピュータを操作したりすることを取り締まる法律。

⑦不正な侵入などの原因になりうる，プログラムの不備のこと。

【語群】　セキュリティホール　　送信可能化権　　公衆送信権　　公表権
　　　　著作者人格権　　作品発表権　　複製権　　不正アクセス禁止法

> **メモ**
> 著作権は大きくわけて著作者人格権，著作財産権，著作隣接権に分類でき，それぞれに属する権利がさらに細かく規定されている。

3 次の①〜⑤は，知的財産権について説明したものである。下線部が正しい場合は○をつけ，誤っている場合は正しく書き直しなさい。

①著作権法第 51 条(保護期間)によると，「著作権の存続期間は、著作者の死後 50 年を経過するまでの間，存続する。」とされている。

②著作権のうち，著作者の財産的な利益の保護を目的とした著作財産権には，公衆に受信されることを目的に著作物を送信できる権利である<u>ダウンロード権</u>が含まれる。

③著作者の人格的な保護を目的とする著作者人格権には，著作物の内容を勝手に変更されない権利である<u>不偏権</u>が含まれる。

④新しい技術やデザイン，商標などについて独占権を与え，模倣の防止を目的とした権利のことを<u>産業財産権</u>という。

⑤著作者人格権に含まれる権利で，作品を公表するときの氏名の表示方法について決めることができる権利を<u>氏名公表権</u>という。

こんなときどうする ❓

4 次の①〜④の文章について，それぞれの行動の「問題のある行動」をあげ，それに対する「望ましい行動」を説明しなさい。

①見知らぬ人から受け取ったメールに貼りつけられていたアドレスをクリックしたら，「重要なデータは暗号化されました。解除する場合，7日以内に解除料金を振り込んで下さい」というメッセージが表示された。現状維持のためにネットワークにケーブルを接続したまま，サイバー犯罪窓口に相談した。

②私は，パスワードを覚えるのがとても苦手だ。授業で使うコンピュータのパスワードもすぐに忘れてしまうので，「情報Ⅰ」の教科書に，パスワードを書いた付箋を貼って，忘れてもサインインに困らないように工夫している。

③親友は映画の大ファンだ。大人気アニメ「秘密の八重歯」もぜひみたいといっていたが，すでに上映期間が終わってしまっていた。そのため，私が購入していたDVDをコピーして親友にプレゼントしてあげた。

④自分で描いた人気アニメのキャラクターは，本物そっくりのできばえだったので，インターネット上に公開して，多くの人にすばらしさを知ってもらった。

メモ

コンピュータウイルスに感染した疑いがある場合は，ほかのコンピュータへの感染を防ぐためにも，すぐにケーブルを抜き，ネットワークから切り離す必要がある。

ヒント

人気アニメのキャラクターは，たとえ自分で描いたものであっても明らかにそのキャラクターを模倣していると認識されるとき，無許可でインターネット上に公開することはできない。

こんなときどうする ❓

5 SNSにおける個人情報の扱いについての考え方を述べた①〜④の文章は，それぞれ適切なものだろうか，適切ではないだろうか。適切なものであれば，○をつけなさい。不適切な場合は，どこが不適切なのかを指摘し，どのようにふるまうのが適切か説明しなさい。

①個人情報を流出させてはいけないので，友人に関する話題を書き込むときには，友人の名前を入れないようにした。

②学年や部活動などに関することを不用意に書き込むと，だれであるか特定される危険があると思ったので，写真を掲載するだけにした。

③プロフィール欄に自分のことに関する情報を書き込むと特定される危険があるため，実際とは違う学年や，地域を記入した。

④個人情報を完全に守ることは難しいので，アカウント自体に鍵をかけて非公開とし，面識のある知人以外とはつながらないことにした。

6 問1〜問2の答えとして適切と思われるものを，それぞれの選択肢から選びなさい。

問1　どこかの知り合いではない大学生が，アルバイト先でのいたずらをFacebookに書き込んだことで，炎上状態になっている記事を見つけた。この後，取るべき適切な対応はどれか。
①友人に伝える　　②リツイートやシェアをする　　③警察に通報する
④当事者のアカウントに注意する　　⑤何もしない

問2　問1で，正しい対応をおこなわなければ，社会に対して与えると考えられる影響は，どれか。
①悪事の芽をつみとることになり，治安の向上と，世の中の安定化へつながる。
②多くの人とのつながりを確認でき，安心した社会を名実ともに実感できる。
③責任を負わない形で言論の自由を執行することは，監視社会化を招く。
④言論の自由を執行することで議論が活発化し，よりよい社会へつながる。
⑤警察や司法機関の補助をおこなうことによって，治安の維持が円滑にすすむ。

第5章　ネットワークトラブル

1 次のまとめサイトに関して述べた文を読んで，空欄にあてはまるもっとも適切な語句を，あとの語群から選びなさい。

　　まとめサイトは，騒動と（　①　）者が，（　②　）を目的としてつくっている場合も少なくない。そのため，事態をおもしろおかしく脚色していたり，不確かな情報などが多く，（　③　）に欠けるものも多い。個人情報を暴露しているケースも見られるが，個人情報が流出した原因として，本人が書き込んだ情報などを組み合わせることによって特定されたケースもある。また，同じ（　④　）をいくつものSNSで使っていると，それらの情報も組み合わされて，特定される可能性は高くなる。

ほとんどのSNSユーザは，特定される危険性をもっていると言えるため，日ごろから発言には注意をしておきたい。

【語群】　信憑性　　関係の深い　　パスワード　　速報性　　事件の解決
　　　　　収益　　アカウント名　　関係のない

2 次の①～⑥の文が示す語句として適切なものを，あとの語群から選びなさい。

①ヨーロッパなどで広まりつつある考え方で，検索サイトの検索結果から，過去の犯罪歴などの情報を抹消したりする権利。日本では，まだこの考えにもとづく法律などは整備されていない。

②Webサイトを複製して記録に残すサービス。本来は，貴重な情報が散逸するのを防ぐ目的で存在しているが，炎上のときに悪意をもって利用されることも多い。

③サービスを法律のゆるい国でおこなったり，サーバを強固な建物の中に設置するなどして司法の手を逃れているWebサイトやサービス。

④断片的な個人情報を少しずつ組み合わせたり，同じアカウント名を利用しているWebサイトやSNSをさがすなどしてさまざまな情報を結びつけ，個人を特定する行為。

⑤Facebookに用意されている機能で，自分が死んだあとのアカウント管理者を指定しておくもの。

⑥自分のブログなどに広告のリンクを設けておき，そこから商品やサービスが売れたら謝礼を受け取れるしくみ。

【語群】　デジタルタトゥ　　追悼アカウント　　匿名　　ランサムウェア
　　　　　魚拓　　アフィリエイト　　防弾サーバ　　忘れられる権利
　　　　　無敵の人　　名寄せ

こんなときどうする❓

3 次のネットストーカーに関して述べた文を読んで，あとの問に答えなさい。

　　ネットストーカーの問題は，21世紀のはじめころから見かけられるようになっている。法律上のストーカー行為は，(ア)ストーカー規制法の改正から，(イ)ネット上の行為も含むようになっている。

問1　ネット上の行為に関する改正は，2回にわたっておこなわれている。改正されたのは，何年と何年か，答えなさい。

現行の「ストーカー行為等の規制等に関する法律」では，第2条で「つきまとい等」に該当する行為を示している。

問2 下線部(イ)に関連して，どのような行為がストーカー行為とされているか，答えなさい。

こんなときどうする❓ ....

4 ネットオークションの利用において，①〜⑥の行動は適切なものか，不適切なものか，その理由もあわせて答えなさい。

① 50年前に販売された，古いレコードが出品されているのを見つけた。出品者の取引履歴を見ると，古いレコードばかりを数100件以上扱っていて，大きなトラブルもなさそうだったので入札した。

② 商品を落札したので，送料を教えてもらうために，送り先を連絡した。すると，出品者から「商品に，思いがけない破損があった。」と連絡があった。そこで，お互いにメッセージをやり取りして，今回の取り引きは中止することにした。

③ どうしてもほしい商品が出品されていたので，入札した。説明欄の文章が攻撃的で厳しい調子で書かれていたので，落札できたらできるだけていねいな言葉づかいで，連絡しようと思う。

④ 新品のパソコンが，お店の半額くらいのとても安い価格で出品されていた。パソコンだけでなく，電気ポットや炊飯器などいろいろな電気製品を，同じようにとても安く扱っていた。専門の業者だから安心できると考えて，すぐに入札した。

⑤ 高価な専門書が，古本として安く出品されていたので入札した。ほかにも入札する人がいて，ついに自分の入札価格を更新されてしまったので，今回の落札はあきらめた。

⑥ 抽選にはずれて購入できなかった，限定発売のトレーディングカードが出品されているのを見つけた。出品者は，限定販売のものばかりを大量に扱っていた。入札開始価格は，元の価格の3倍近いものだったが，どうしてもほしかったので入札した。

5 次の①〜⑤の文は，Webサイトの信憑性を判断するときの態度をあらわしたものである。それぞれの態度について，適切なものには○をつけ，適切ではないものには×をつけなさい。

① 検索結果の上位のサイトをさけ，比較的下位にあるサイトから閲覧した。

② ニュースサイトを自称していたが，サイト運営者の連絡先や身元がまったくわからないので信憑性は低いと判断した。

③ あるニュースについて調べるときは，まず官公庁のWebサイトを確認し，その後でSNSの反応などを確認した。

④ SNSで拡散している情報は，話題性が高いと思い，信用することにした。

⑤ ほしい商品があったのでネットで調べてみたところ，ランキング形式で商品を比較しているサイトを見つけた。そこで，第1位になっている商品を購入することにした。

メモ

インターネットオークションでは，過去の取引履歴を参照できるようになっている。どんな商品を出品していたかや，出品や落札のときにトラブルを起こしていないかどうかなどを確認できるので，参考にしよう。

ヒント

自分の行動や，出品者の行動に，「公益性があるのか」どうかということを考えながら判断してみよう。

検索 問題 ▶

次の問1～問5に，答えなさい。
①検索サイトを使って，調べること。
②検索のときのキーワードを記録すること。
③見つかった情報を正解とした根拠も，あわせて記録すること。

1 長崎大学医学部の創設された年を調べ，書きなさい。また，創設当時の名称を調べ，書きなさい。

> **Google 検索結果をどう判断するか**
> スニペットの表示を，そのまま信用ないようにする。
> 　スニペット（⇨ p.25）は，アクセス数が多いサイトを検索結果で強調するものだが，アクセス数が多いからといって，信憑性が高いとはかぎらない。
> 　また，閲覧者が多いサイトほど，検索結果の上位に出現する傾向がある。そのため，広告宣伝などのために多くの資金を使う企業や個人は，事実上検索結果を買えるという状況がある。とくに，金銭や権力，人によって考え方が異なるような事物を調べる場合は，検索結果の上位の内容を，鵜呑みにすることがないようにしたい。

2 日本ではじめて発行された郵便切手をデザインした人は誰か，調べて書きなさい。

> **検索キーワードを入力するときの注意**
> 知りたいことを短く，いくつかの単語にまとめるようにする。
> 　単語の間にスペースを入れて，絞り込み検索を利用する（⇨ p.17）。文章の形で入力するのは，よくない。そのためには，疑問を単語に置きかえる発想をする力や語彙力（国語力）が重要になる。

ヒント
江戸時代以前から，飛脚など遠方の人に文書を届けるシステムは存在するが，欧米の制度にならった近代的な郵便のシステムがつくられたのは，明治時代になってからのことである。

3 料金を月ごとに払って借りる駐車場は，「月極駐車場」と書かれることがある。なぜ，「月決め」と書かないのか，調べて書きなさい。

> **検索結果を見る際の注意点**
> 信憑性，発信者の目的，発信者の属性，情報への責任などを確認する。
> 信憑性はどうか：情報の正確性や信頼度が高いものを選ぶ。
> 発信者の目的は何か：利益か，注目を求めているか，なにかの宣伝か，など。
> 情報発信者の属性は何か：個人か，会社か，国か，など。
> 情報への責任はありそうか：専門家かどうか，匿名かどうか，など。

4 公衆トイレにも，温水洗浄便座が設置されていることがある。これに，衛生上の問題はないのか，調べて書きなさい。

ヒント
温水洗浄便座としては，「ウォシュレット」という製品名が，普通名詞のように使われる傾向がある。

情報の信頼度の高さの目安

1位　国際機関(国連や，国をまたいで組織されるNGO，NPOなど)

　※おおむね信頼できるが，国家間の利害関係などから，すべてが完全に正しいというわけでもない。政治的な話題の場合は，関係ある国どうしの関係性を理解する必要がある。

2位　国家機関(国)

　※自国に不利な情報を出す国は，基本的に存在しない。疑問を感じる場合や，異なる情報を得たい場合は，国際機関の情報を調べる。

3位　企業(宣伝，広告，プレスリリース)

　※基本的に，自分たちの利益追求のための組織なので，利益を失う危険がある場合は，情報の信憑性に難が生じる場合もある。テレビ，新聞，ラジオ，雑誌などのマスメディアは，いずれも企業にはいる。

4位　いわゆるプロシューマー(「プロ」と「一般の人(コンシューマー)」の中間をさす。専門家・マニア)

　※趣味として情報発信している個人のなかには，専門家を上回る内容の情報を発信している場合がある。とくにインターネットは，こうした人たちに情報発信の場を与えたといえる。ただし，その発信者が信用できる人かどうかを判断するには，情報を閲覧する側にも，人を見抜く能力や経験が求められる。

5 かつて，「喜劇王」と呼ばれた有名人は，来日したときにあだ名をつけられた。どんな，あだ名だったか，調べて書きなさい。

ソース(情報源)は確認できるだろうか

一次情報と二次情報を意識しよう

　一次情報は，自分で見聞きしたこと，すなわち当事者の体験である。時間や手間，金銭的な問題から，これを得るのは容易ではない。なお，ネットや既存のメディアからは，一次情報は得られない。

　二次情報は，新聞やテレビ，雑誌や書籍，Webから得られるもので，他人を経由した情報である。わたしたちが生活の大部分で活用しているのは，二次情報である。

　さらに，インターネットで流通している情報の大半は，二次情報を元につくられた意見，評論や情報源が不明なものなど，個人の意見や感想である。

　判断のためには，最低でも二次情報が明確なものであることが必要である。

サイバー攻撃の影響　（→事例17「不正アクセス」）

（2021年5月12日　朝日新聞）

米送油管サイバー攻撃 民間インフラ標的に

② ハッカー集団関与 FBI断定

「ダークサイド」巨額の身代金要求

FBIが攻撃への関与を断定したハッカー集団「ダークサイド」は10日、ホームページに声明を発表した。ロイター通信による同集団のランサムウェアと、声明は「我々は政治には無関心だ」としたうえで、「目的は金銭を得ることで、社会に問題を引き起こすことではない」としている。

米の企業などで相次いで確認されていた。

❶ 内部に侵入して、機密情報を盗み取る
❷ パソコンやサーバーのデータを暗号化

・機密情報を公開されたくなければ…
・暗号解除してほしければ→ 身代金を！

サイバー犯罪グループ

ランサムウェアによる世界的な被害
- システムの平均停止期間　21日間
- 攻撃から完全に回復するための平均期間　287日間
- 2020年に支払われた身代金総額　3.5億㌦
- 米国での同年の被害件数　2400件超
  （ランサムウェア作業部会のリポートから）

米石油パイプライン大手がサイバー攻撃で操業を停止している問題で、連邦捜査局（FBI）は10日、ハッカー集団「ダークサイド」のランサムウェア（身代金ウイルス）による攻撃だと断定した。基幹インフラに対するサイバー攻撃への防衛策が民間に委ねられている脆弱性があらわとなり、政府は対策を急いでいる。
（ワシントン＝高野遼）

「基幹インフラの大部分が、民間企業によって保有・運用されている事実が浮き彫りになった。企業が防衛の最前線を担い、我々はその有効性に頼っている」と、ジョージア州アトランタのコロニアルパイプライン社の主要なパイプラインの操業を停止。ガソリンなど東海岸で消費される燃料の45％が、主要ラインは停止していたが、被害を防ぐことができなかった。高官は「今回のランサムウェアは、既知の種類だ」としたうえで、「今週末までに大部分の復旧を目指すとするが、停止が長引けば生活や産業への影響も懸念される」とした。

ランサムウェア攻撃は、サーバーなどをウイルス感染させ、データの復元や情報流出を防ぐための身代金を要求する。高官はFBIは昨年10月からダークサイドを捜査していたが、今回の攻撃が示す問題点をそう語った。

サイバー攻撃の被害は7日に発覚した。運営会社のコロニアルパイプライン社は基幹インフラを運用する主要ラインを10日、ホワイトハウスですべてのパイプラインの操業停止中。

10日、ホワイトハウスで会見した米政府高官は今回の事件が示す問題点をそう語った。

米サイバーセキュリティー会社のサイバーリーズン社

リーズンのリポートによると、ダークサイドは英語圏の企業などを標的にしていたという。ランサムウェアによる被害は、世界的に急増している。FBIやマイクロソフトなどでつくる作業部会のリポートでは、2020年に支払われた身代金総額は3.5億㌦に達した。前年の4倍以上に急増。1件当たりの身代金額も増加傾向にあるという。日本でも、ゲーム大手のカプコン（大阪市）が個人情報を盗み取られ、身代金を要求される被害があった。

① サイバー攻撃

サーバとよばれる各種のサービスを提供するコンピュータや、個人が使用するパソコンやスマートフォンなどのコンピュータシステムに対して、ネットワークを通じて破壊活動やデータの窃取、改竄などをおこなう行為をサイバー攻撃という。

その内容は、世間を騒がせ楽しむ愉快的な犯行、国家や企業などの秘密情報を盗み出す犯行、イメージダウンなどをねらう犯行、金銭をねらう犯行などさまざまである。アメリカでは、石油パイプラインの運用会社に対してサイバー攻撃がおこなわれ、石油の供給に大きな支障が出るなど、私たちの生活そのものを脅かす攻撃も発生している。

※無断複製不可　　※傍線は編集部が付加

考えてみよう ▶
ハッカー（クラッカー）は、サイバー攻撃をどのような目的でおこなっているのだろうか。

話しあってみよう ▶
コンピュータネットワークやデータをサイバー攻撃から守るために、個人に求められる対策はどのようなものだろうか。また、国や企業に求められる対策はどのようなものだろうか。

② ハッカー（とクラッカー）

ハッカーとは、本来、コンピュータとネットワークに関する高い技術と強い関心をもつ人たちのことをいう。そのなかで、コンピュータネットワークを通じて、政府や企業、研究機関などのコンピュータシステムやサーバに侵入してデータを盗んだり、破壊したりなどの犯罪行為をおこなう者があらわれた。このような犯罪行為にかかわる者をハッカーとよぶようになったが、現在ではそのような不法行為をおこなうものは、クラッカーとよばれる。日本では不正アクセス禁止法によって不法行為に対する処罰がおこなわれている。

さくいん

コンピュータ・ネットワーク　関連年表

技術・サービス

その時代を特徴づける ICT 技術や製品などの変遷

1992
インターネットの一般開放
⇨商用サービス開始。
日本初の Web サイト公開

1993
HTML 言語 Ver1.0 公開
Mosaic 公開(世界初の Web ブラウザ)

1994
ソニー「PlayStation」発売
⇨ 3D を多用したゲーム機のはじまり。

▲ Play Station

1995
Windows95 発売
⇨パソコンとネットの普及に影響した。
PHS サービス開始
⇨安価な携帯電話サービス。
テレホーダイ開始
⇨夜間にかぎり定額でネット利用が可能になる。
IPv6 の規格策定

▲ Windows95

1999
i モードサービス開始
⇨携帯電話でのネット接続が可能になる。
京セラ「VP-210」発売
⇨世界初のカメラつき携帯電話機。
日本での ADSL サービス開始
⇨ブロードバンド通信のはじまり。
Yahoo!(アメリカ)サービス開始

2001
3G(W-CDMA)通信開始
⇨屋外でのビデオ通話や動画視聴が可能になる。
Windows XP 発売
⇨安定した動作で長期にわたって利用される(〜2014 年)。
アップル「iPod」発売
⇨携帯音楽プレーヤで,のちのiPhone の原型となる。

▲ iPod

2003
テレビ地上デジタル放送開始
⇨ 2011 年にアナログ放送は終了した(一部の地域では 2012 年に終了)。

2005
YouTube 設立
⇨オンライン動画視聴サービスの始祖。

2006
インテル「Core プロセッサ」発売
⇨マルチコアプロセッサ普及のはじまり。パソコンの大幅な性能向上につながる。
テレビワンセグ放送開始
⇨移動中のテレビ視聴が容易になる。

2007
アップル「iPhone」発売
⇨日本での発売は,2008 年。スマートフォン普及の原点となる。

2008
T-Mobile G1 発売
⇨世界初の Android 搭載端末。
Twitter 日本語版サービス開始
⇨ 2023 年 7 月に名称が「X」に変更された。

法律

ネットワーク技術やコミュニケーションに関係するおもな法律の新設や改正など

1995
「コンピュータウイルス対策基準」告示
⇨通商産業省(現:経済産業省)よりコンピュータウイルスに対する対策が告示される。

1996
世界知的所有権機関(WIPO)が「著作権に関する世界知的所有権機関条約」を制定
⇨ネットに関する初の国際条約。

1999
児童ポルノ法成立
⇨児童のわいせつな画像をネットで公開することも規制の対象になる。
不正アクセス禁止法成立
⇨クラッキング行為を規制する。

最新の法律の条文は,「e-Gov 法令検索」で参照できる。
https://elaws.e-gov.go.jp/

2000
ストーカー規制法成立

2001
電子消費者契約法成立
プロバイダ責任制限法成立
⇨発信者開示請求に関する基本的な事項が制定される。

2002
迷惑メール防止法成立
特定商取引法改正
⇨電子メールでの勧誘や宣伝方法などに,規制がおこなわれる。

2003
個人情報保護法成立(施行は 2006 年)
出会い系サイト規制法成立

2004
コンテンツ振興法成立
⇨「コンテンツ」という用語が一般的に用いられるきっかけになった。

2005
携帯電話不正利用防止法成立
⇨購入時の本人確認が義務化される。

2006
著作権法改正
⇨放送のネットでの同時再送信や無線 LAN での送信を,公衆送信の範囲からはずすなど,ネット社会に対応した改正がされた。

2008
青少年インターネット環境整備法成立
⇨ 18 歳未満の携帯電話利用時にフィルタリングの導入が開始される。
割賦販売法改正
⇨流出したカード情報を不正に入手,利用した場合,処罰の対象になる。

2009
著作権法改正
⇨不正に配布されたものと知りながらダウンロードすることを違法行為と定めた。

できごと

ネットワークに関連する流行や事件など

1995
阪神・淡路大震災
⇨災害時の情報発信に,ネットが活用される。
地下鉄サリン事件
⇨ネットに大量の情報が流れる。事件を題材にした「不謹慎ゲーム」が公開され問題になる。

1997
ニフティサーブ現代思想フォーラム事件判決
⇨日本のネットにおける,もっとも初期の名誉棄損事件。第一審の判決では,発言が名誉棄損にあたるとし,管理者にも責任があることが指摘された(後の第二審では,発言の名誉棄損・侮辱だけが指摘された)。
神戸連続児童殺傷事件
⇨犯人の少年の顔写真や個人情報が,ネットに暴露される。

1999
東芝クレーマー事件
⇨告発にネットが用いられた初期の事案の 1 つ。
2 ちゃんねる(現在の「5 ちゃんねる」)開設
⇨世界最大規模の匿名掲示板サービスとなる。ネットミーム(インターネットを通じて広がっていく流行)の中心になるとともに,さまざまな犯罪にもつながる場になった。

2000
西鉄バスジャック事件
⇨犯人が「2 ちゃんねる」に犯行予告を書き込む。

2001
アメリカ同時多発テロ事件
⇨ネット上で不確定な情報が拡散する。
ファイル共有ソフト(WinMX)で国内初の逮捕者
⇨公衆送信権の侵害の疑いで逮捕。デジタルコンテンツの違法コピーの問題が注目されるようになる。

2002〜2003
ブログが普及
⇨簡単に書くことで急速に普及。内容に関して「2 ちゃんねる」を中心に炎上につながるケースもあらわれた。

2004
「電車男」ブーム
⇨「2 ちゃんねる」の書き込みにはじまったコンテンツ。ネット文化が一般化するきっかけとなる。
Winny 製作者逮捕
⇨違法行為に用いられたソフト製作者に法的責任が問えるのか議論となる(のちに無罪判決)。
佐世保小 6 女児同級生殺害事件
⇨原因は,掲示板の書き込みであった。また,加害者児童の顔写真などがネットに流出した。

2005
Web2.0
⇨あらたなネットの利用法を示した流行語。この考え方は,SNS などを中心とした現代のネット社会の基礎につながる。

2008
秋葉原通り魔事件
⇨携帯電話掲示板でのトラブルがきっかけになったとされている。

2009
スマイリーキクチ中傷被害事件
⇨デマがきっかけで,タレントへの誹謗・中傷の書き込みが発生し,19 名が検挙される。ネットでの誹謗・中傷が社会問題として認識されるようになる。

2010
4G (LTE) 通信開始

2011
LINE がサービス開始

IPv4 のアドレスが枯渇
⇒ IPv6 への移行が加速する。

2012
この前後から，スマートフォンの普及が急速に進む。

日本で Kindle のサービス開始
⇒電子書籍の普及がはじまる。

2014
テレビ 4K 放送開始
⇒ Full HD の 4 倍の高画質。

VoLTE サービス開始
⇒ 4G を利用した電話サービス。

ビットコインが話題になる
⇒この年におこった取引所の破綻をきっかけに，ブロックチェーンの技術が 広く知られるようになる。

▲ Kindle (キンドル)

2015
IoT (モノのインターネット) が話題になる
⇒ IoT は，情報機器以外をネットに接続して利用するという考え方や，技術。

2016
AI (人工知能) が話題になる
⇒この前後から，AI の可能性が広く話題になる。

2017
VR (仮想現実)・AR (拡張現実)・MR (複合現実) が話題になる
⇒ゲームのヒットなどがきっかけで，この前後から 急速にこれらの技術が広まりはじめる。

2018
スマートスピーカが話題になる
⇒音声認識によって機器を操作できるもので，日本では 2017 年ころから普及がはじまった。

2019
自動運転が話題になる
⇒実用化に向けた技術の進化に注目が集まり，日本でもこの年に，はじめての自動運転車による定期運行がおこなわれた。

2020
5G 通信開始
⇒高速・大容量・低遅延の通信が可能な商用サービスが開始される。

2022
ChatGPT 公開
⇒生成 AI が注目されるようになり，のちにさまざまなサービスが登場するようになった。

▲スマートスピーカ

2011
刑法改正
⇒不正指令電磁的記録に関する罪 (コンピュータウイルスの作成や提供の罪) を定めた。

2013
公職選挙法改正
⇒ネットを利用した選挙運動が解禁された。

ストーカー規制法改正
⇒電子メールの送信が規制対象になった。

マイナンバー関連法成立

特定秘密保護法成立

2014
忘れられる権利判決
⇒ EU 司法裁判所において検索結果から過去の情報を削除することを認める判決が下る。

サイバーセキュリティー基本法成立
⇒情報安全に関する国家的指針が策定された。

2015
個人情報保護法改正
⇒対象となる業者の範囲が拡大され，事実上すべての企業が対象となった。また，個人情報の定義の変更や，ビッグデータの利活用に関する変更がおこなわれた。

2016
ストーカー規制法改正
⇒同年発生の事件を機に，SNS でのつきまとい行為も規制対象に加えるようになった。

2017
資金決済法改正
⇒仮想通貨[※1] を正式に有価証券・通貨とみなし，規制の対象に加える。

2018
民法改正 (施行は 2022 年 4 月)
⇒成年年齢を 18 歳とする。事件を起こした場合に，実名で報道される可能性も生じる。

改正された著作権法が施行
⇒おもな改正内容は，保護期間の延長，侵害行為の一部が非親告罪化など (TPP11 協定の発効にともなう改正法の施行)。

2019
放送法改正
⇒ネットで，テレビ番組の同時配信が可能になる。

道路交通法改正
⇒運転中の携帯電話の使用 (ながらスマホ) に対する罰則を引き上げ，自動運転車への規定の追加など。

2021
著作権法改正
⇒インターネット上での違法ダウンロードの適用範囲が拡大される。

2022
改正されたプロバイダ責任制限法が施行
⇒誹謗・中傷などの被害を受けたときに加害者を特定する手続きが改善され，裁判所の命令などによってこれまでよりも短期間で可能になる。

刑法が改正され侮辱罪が厳罰化
⇒ 1 年以下の懲役と禁固，30 万円以下の罰金が追加される。

2023
ステルスマーケティングが景品表示法の違反とされるようになる。

※ 1 2019 年の資金決済法と金融商品取引法の改正によって，暗号資産とよばれるようになる。

2011
東日本大震災
⇒ SNS で災害情報などが広く共有され，一般化するきっかけとなった。その反面，デマも拡散した。

2012
「炎上弁護士」事件の発端
⇒高校生がネット上でのトラブル解決を弁護士に依頼したところから，関係者への嫌がらせ事件が続発。多数の逮捕者が出るが，現在でも嫌がらせは続いている。

2013
パソコン遠隔操作事件
⇒マルウェアを使ってパソコンの持ち主になりすまし，掲示板に犯行予告を書き込んだ事件。この年，真犯人とされる人物が逮捕された。それまでに，無関係の人が犯人として逮捕されるなど，社会問題になった。

バカッター問題
⇒ Twitter (現在の X) を中心に，SNS に犯罪自慢や反社会的書き込みをして炎上する事件が多発した。

2015
ランサムウェアの被害が急増
⇒コンピュータのデータを暗号化するなどして使えなくするマルウェアで，解除のための「身代金」を請求する。

2016
キュレーション系コンテンツの問題
⇒医療情報のキュレーション系コンテンツで，情報の信憑性の問題が広く指摘された。

小金井ストーカー殺人未遂事件
⇒ SNS でつながりのあったアイドルに，ストーカー化したファンが重傷を負わせた。ストーカー規制法の改正につながる。

2017
フェイクニュース
⇒前年のアメリカ大統領選挙にともない，社会問題化した。

2018
「漫画村」閉鎖
⇒ネット上でコミックを無断で公開する著作権侵害をおこなっていたサイト。この年，政府によるネット接続遮断行為が論争になった。翌年，運営者が逮捕された。

2019
京都アニメーション放火事件
⇒「無敵の人」による犯罪が社会問題として認識されるようになる。

2020
全国でトイレットペーパーが品切れ
⇒新型感染症の流行にともなうデマの 1 つとして，全国規模でトイレットペーパーなどが品薄になった。あわせて，使い捨てマスクの転売行為も問題になった。

テレワークが広がる
⇒新型感染症の流行にともなって，外出や通勤の混雑をさけるためのテレワークが急速に普及した。

ISBN978-4-8040-6318-8

C7004 ¥480E

9784804063188

1927004004805

訂正情報配信サイト 63188-04

利用に際しては，一般に，通信料が発生します。

https://dg-w.jp/f/48a84

ケーススタディ情報モラル Advance

こんなとき，どうなる？ こんなとき，どうする？

2022年1月10日 初版 第1刷発行　　編 者 第一学習社編集部
2025年1月10日 初版 第4刷発行　　発行者 松 本 洋 介
　　　　　　　　　　　　　　　　　発行所 株式会社 第一学習社

広　島：〒733-8521　広島市西区横川新町7番14号　☎082-234-6800
東　京：〒113-0021　東京都文京区本駒込5丁目16番7号 ☎03-5834-2530
大　阪：〒564-0052　吹田市広芝町8番24号　　　　　☎06-6380-1391
札　幌：011-811-1848　　仙 台：022-271-5313　　新 潟：025-290-6077
つくば：029-853-1080　　横 浜：045-953-6191　　名古屋：052-769-1339
神　戸：078-937-0255　　広 島：082-222-8565　　福 岡：092-771-1651

＊落丁・乱丁本はおとりかえいたします。

ホームページ　https://www.daiichi-g.co.jp/

書籍コード　63188-04

税込価格 528円（480円＋税）

年	組	番	名前